Industriedesign – Eine Erfolgsgeschichte

Industriedesign – Eine Erfolgsgeschichte

Hans Erich Slany
Stefanie Leisentritt

Industriedesign – Eine Erfolgsgeschichte

Verlag Sindlinger-Burchartz

Mein besonderer Dank gilt Frau Ruth Bückle, meiner langjährigen „Prokuristin", die durch tatkräftige Mitarbeit sehr viel zum Gelingen des Buches beigetragen hat.

Ebenso möchten wir uns bei allen Firmen, Fotografen und Institutionen, die uns Informationen und insbesondere Bilder stets sehr entgegenkommend zur Verfügung gestellt haben, ganz herzlich bedanken.

Unser besonderer Dank gilt hierbei der Firma Weishaupt in Schwendi, die zusätzlich durch finanzielle Unterstützung zur Realisierung dieses Buches beigetragen hat.

Gesamtherstellung:
Verlag Sindlinger-Burchartz
Nürtingen/Frickenhausen 2013
Satz und Gestaltung: Herbert Schölch-Heimgärtner
Umschlaggestaltung: Annette Blunck
Gedruckt in Deutschland
ISBN 978-3-928812-64-1

Inhalt

Vorwort	**7**
Grundlegendes zur Entwicklung von Design in der BRD	**13**
Die Anfänge in der ersten Hälfte des 20. Jahrhunderts	13
Die Vorstellungen über Gestaltung werden konkreter	16
Die Gründung des Verbands Deutscher Industrie Designer 1959	19
Meine Kindheit und Ausbildung	**21**
Meine Kindheit im Sudetenland	21
Ingenieurschule in Eger	22
Krieg und Kriegsgefangenschaft unterbrechen meine Ausbildung	24
Abschluss meines Ingenieurstudiums in Esslingen	30
Meine ersten beruflichen Erfahrungen	**33**
Durch Aluminium Ritter zur Triennale Mailand 1957	33
Neue Impulse durch die Möglichkeit der Mitarbeit in der Stylingabteilung Daimler-Benz	35
Mein Designbüro	**37**
Die Gründung eines der ersten Designbüros in Deutschland	37
Wir feiern Erfolge und vergrößern uns	39
Die logische Konsequenz unseres Erfolgs: Eine GmbH entsteht	41
Zum Erfolg gehört mehr als die eigene Leistung	**43**
Meine künstlerische Ausbildung bei Löffelhardt	43
Die Zeitschrift „form" – Plattform für unsere Öffentlichkeitsarbeit	47
Die op-art-Galerie in Esslingen und ihr Gründer Hans Mayer	47
Das Landesgewerbeamt Stuttgart und das Haus Industrieform Essen	48
Herbert Hirche – ein Förderer des VDID	51
Meine Design-Auffassung	**53**
Ergonomie – Das Werkzeug richtet sich nach dem Menschen und nicht umgekehrt	57
Corporate Identity und Corporate Design	62

Vielfalt führt zum Erfolg – Die Kunden meines Designbüros — 65
Der Produktbereich Konsumgüter — 66
 Ein schlechter Tausch? Auf Autos folgen Kochgeschirre — 66
 Der Hausfrau kann geholfen werden — 68
 Design erreicht größten Arbeitsplatz der Welt – die Küche — 88
 Mein wichtigster und interessantester Kunde wird Bosch — 101
 Feuer und Flamme für Design – Design für Feuer und Flamme — 110
 Was gute Bilder macht, muss auch gut aussehen — 114
 Schönes und Nützliches braucht der Mensch — 116
 Neue Wünsche für Küche und Haushalt — 121
 Der Traum vom Fliegen — 128
 Design greift auf technische Produkte über — 131
 Gutes Design schafft auch Erleichterung bei Bürotätigkeiten — 136
Der Produktbereich Investitionsgüter — 143
 Eine neue Anmutung für eine altbekannte Drehmaschine — 143
 Bosch bleibt mein wichtigster Kunde — 145
 Kreative Impulse für und von kleineren Firmen — 157

Lehrtätigkeit in Berlin und Stuttgart — 163

Ausblick in die Zukunft — 167

Anhang — 168
Eine Auswahl meiner wichtigsten Kunden — 168
Eine Auswahl meiner Mitarbeiter — 168
Die wichtigsten Wegbegleiter meiner Arbeit — 169
Auszeichnungen und Ausstellungen – Slany und sein Team — 171
Eine Auswahl eigener Veröffentlichungen — 178
Anmerkungen — 180
Abbildungsnachweis — 181

Vorwort

Zu Beginn meiner beruflichen Laufbahn als Designer – das war in den 1950er-Jahren – war der Begriff „Design" in Deutschland beinahe unbekannt, und selbst Jahrzehnte später bereitete nicht nur seine korrekte Aussprache vielen noch erhebliche Probleme. Dieses Szenario ist heute kaum mehr vorstellbar, wird doch der Begriff „Design" beinahe inflationär gebraucht und erscheint in einer Vielzahl von Berufsbezeichnungen. Man trifft auf Modedesigner, Grafikdesigner, Schmuckdesigner – kaum ein Bereich unseres täglichen Lebens, der nicht vom Design beeinflusst wird. Es erscheint mir daher umso wichtiger, einen begehbaren Pfad durch den Begriffsdschungel zu schlagen und einmal zu erläutern, was gutes Industriedesign im eigentlichen Sinne bedeutet und wozu es letztendlich dient.

Designer waren in der ersten Hälfte des 20. Jahrhunderts in Deutschland unbekannt, sie nannten sich stattdessen Gestalter, Formgestalter oder Formgeber. Wilhelm Wagenfeld, einer der einflussreichsten deutschen Produktgestalter, prägte die Berufsbezeichnung „Künstler in der Industrie". Erst mit der Gründung des Verbands Deutscher Industrie Designer im Jahr 1959 trat eine langsame Änderung ein, die letztendlich zu den zahlreichen Berufsbeschreibungen der heutigen Zeit führte. Diese Entwicklung wird auch in den zeitgenössischen Lexikoneinträgen zum Begriff „Design" deutlich. Die Brockhaus Enzyklopädie widmet dem „Design" 1968 gerade einmal 5 Zeilen[1]: „Entwurf, Zeichnung, Muster, besonders der Entwurf von formgerechten Gebrauchsgegenständen. Designer, Formgestalter, Schöpfer von Industrie- und Gebrauchsformen". Bereits 1996 nimmt die Erläuterung bedeutend mehr Platz ein, da sich der Inhalt des Begriffes stark erweitert hat, und im Jahr 2011 schreibt die Internet-Enzyklopädie Wikipedia über den Begriff „Design" in 14 einzelnen Kapiteln[2].
Ich definierte Industriedesign schon immer als ein übergreifendes Grenzgebiet aus Wirtschaft, Technik, Kultur und Kunst. Bei dieser Definition wird deutlich, dass ernsthaftes Industriedesign sehr viel mehr leisten muss, als ein Produkt lediglich schöner zu machen. Für mich persönlich

war Industriedesign immer die Gestaltung von guten Produkten. Dinge, die funktionell einwandfrei sind und ästhetisch befriedigen. Sie sollen durch einen möglichst günstigen Preis einer breiten Bevölkerungsschicht zugänglich sein und nicht nur einem kleinen exklusiven Kreis.[3]

Da die Fülle an Design-Begriffen und ihre unterschiedlichen Bedeutungen zugegebenermaßen etwas verwirrend sein können, veröffentlichte ich bereits 1977 eine kleine Unterscheidungshilfe, die jedoch bis heute nichts von ihrer Aktualität verloren hat und daher nochmals in Auszügen wiedergegeben werden soll:[4]

Gutes Design
„Gutes Design ist der beste Kompromiss aus allen produktbestimmenden Faktoren unter besonderer Berücksichtigung ergonomischer und formal-ästhetischer Aspekte, die dem Zeitgeist ihrer Entstehung entsprechen. Ohne die funktionelle Innovation ist Design immer in Gefahr, in Styling abzugleiten."[5]

Zeitgeist
„Zeitgeist, die sich in den Erscheinungen eines Zeitalters offenbarende Gleichartigkeit oder Ähnlichkeit der geistigen Haltung, des Stils, der Lebensform und Ideen [...]."[6]

Der Zeitgeist ändert sich. Es ist legitim, wenn bei einem guten Entwurf Zeitgeist ablesbar ist; das heißt, ein hervorragender formaler Entwurf von 1955, der damals Vorbild für einen ganzen Industriezweig war, wird ein paar Jahrzehnte später anders gestaltet werden. Durch neue Erkenntnisse in der Technik, der Architektur, der Graphik und im Design ändert sich fast unbewusst unser Geschmack. Verbanden die Menschen 1935 mit einem modernen und schnellen Flugzeug noch abgerundete Flügelenden und sorgfältig weich gestaltete Übergänge vom Rumpf zum Flügel – wie dies beim „Heinkel Blitz" deutlich wird –, so galten in den 1970er-Jahren relativ kantige Flügelformen, wie sie beispielsweise der „Starfighter" aufwies, als Kennzeichen eines schnellen Flugzeugs. In der weiteren Entwicklung geriet die Concorde in den Mittelpunkt des Interesses, die wiederum rundere Formen aufwies.

Wir sehen, der Zeitgeist ändert sich und lässt Formen veralten. Die Veränderung wird durch viele Faktoren beeinflusst und findet innerhalb eines langen Zeitraums allmählich statt.

Styling
Darunter versteht man Entwürfe, die mit modischen Gags bereits eine

künstliche Alterung im Entwurf mit eingebaut haben. Styling wird besonders im Automobilbau betrieben.
Ein krasses Beispiel für Styling sind Autos amerikanischer Hersteller der Sechzigerjahre. In einem Jahr waren die „Schwanzflossen" senkrecht, zwei Jahre später unter 45 Grad, nach weiteren zwei Jahren waagrecht angeordnet. Daraus konnte man genau auf den Jahrgang des Fahrzeugs schließen. Rein stilistische Elemente ohne Funktion dienten vorwiegend dem Prestigebedürfnis.

Kitsch
„Ein künstlerisches Erzeugnis, das durch Gefälligkeit und Sentimentalität über das Fehlen echter gestaltender Kräfte hinwegzutäuschen sucht."[7]

Seit Jahren trage ich mich mit dem Gedanken, meine diversen Dokumentationen, Veröffentlichungen und Vorträge in einem Buch zusammenzufassen. Jetzt am Ende meiner beruflichen Lebenszeit finde ich endlich Zeit, diesem Gedanken Gestalt zu geben.
Ich schreibe dieses Buch über Industriedesign ganz allgemein und denke dabei vor allem an diejenigen, die Freude haben am Gestalten von Produkten, die gleichzeitig schön, ergonomisch, technisch und rationell herstellbar sind. Industriedesigner zu sein ist wohl einer der interessantesten, ungewöhnlich viele Bereiche des menschlichen Daseins betreffenden emotionalen Berufe.

Wir Nachkriegsdesigner in Deutschland werden oft als Pioniere des Designs – in erster Linie des Industriedesigns – bezeichnet und, wie ich denke, es steckt sehr viel Wahrheit darin.
Wir fanden zu Beginn unserer Tätigkeit ein am Boden liegendes, durch Kriegseinwirkungen völlig zerstörtes Land vor. Es waren viele Schwierigkeiten zu bewältigen, aber wir konnten neu anfangen und alles in Frage stellen, viele Ideen konnten verwirklicht werden.
Mein Buch soll ein Versuch sein, mein beruflich hochinteressantes Leben dem Leser nahezubringen und die vergangenen fast 60 Jahre Nachkriegs-Designgeschichte in Deutschland nachzuerleben.
Gleichzeitig soll es aber auch ein Buch der Objekte sein, die ihre Zeit geprägt haben und wiederum von ihr geprägt wurden. Nicht nur das Design von Objekten, sondern auch die Produkte selbst dürfen niemals isoliert betrachtet werden, sondern müssen in ihrem zeitlichen und sozialgeschichtlichen Kontext gesehen werden, um ihre Bedeutung zu verstehen.

Sie sagen mehr über die Zeit aus, in der sie entstanden sind, als man auf den ersten Blick vermuten würde. Erzeugnisse spiegeln die Sehnsüchte und Träume einer Zeit wider und sie zeigen, was den Menschen damals besonders wichtig war. Darüber hinaus wird jeder, der dieses Buch liest und sich als Zeitzeuge der hier geschilderten Entwicklung bezeichnen kann, in den Produkten eine ganz eigene, persönliche Bedeutung erkennen. Ich stelle die von mir gestalteten Produkte zunächst als einen wichtigen Teil meiner eigenen Geschichte vor, vergesse dabei aber auch nicht, dass die erste eigene Vollwaschmaschine, formschöne Teakholzgegenstände oder Glasbausteine als letzter Schrei in der Architektur auch die Geschichte jedes Einzelnen auf ganz eigene Art und Weise ein Stück weit geprägt haben. Letztendlich werden die eigenen Erinnerungen eines jeden Lesers den Inhalt des vorliegenden Buches ergänzen und es ein Stück weit zur eigenen Lebensgeschichte machen.

Doch auch jüngere Leser, die die Entstehung und Etablierung der vorgestellten Produkte nicht miterleben konnten, werden ihre Bedeutung für ganze Generationen oder spezielle Zielgruppen verstehen können und werden – nicht nur wenn sie sich für den Beruf des Industriedesigners interessieren – auch wichtige Rückschlüsse auf das heutige Produktdesign ziehen können. Für einen jungen Menschen, der sich für einen kreativen, technischen und wirtschaftlichen Beruf interessiert, kann es eine wichtige Unterstützung und Inspiration sein, wie ein Designer der ersten Stunde seine vielfältigen Aufgaben und die nicht immer kleinen Probleme gelöst hat.

Wir begannen beruflich in einer Zeit des Wirtschaftsaufschwungs, ja des Wirtschaftswunders und konnten vieles bewegen, um die bestehende Mangelwirtschaft abzulösen, auch dass man wieder Freude an schönen und praktischen Dingen des Alltags hatte. Die Menschen fühlten eine neue, unter dem langen Diktat der Nationalsozialisten fast schon vergessene Freiheit. Die Sehnsucht nach Vielfalt, nachdem zuvor nur eine einzige Meinung gegolten hatte, führte zu einer großen Aufbruchsstimmung, die nahezu alle Bevölkerungsschichten erfasste.

Heute stehen wir ohne Zweifel mitten in einer unerhörten Intensivierung, Ausweitung und Beschleunigung aller Wirtschaftsvorgänge. Die technischen Errungenschaften verbessern sich in unglaublich kurzen Zeitabständen und verlangen nicht nur vom Industriedesigner ein ständiges Umdenken, Flexibilität in allen Bereichen. Der Industriedesigner muss immer mehr seine Arbeit in größere Zusammenhänge einordnen, und es geht bei seinen Aufgaben nicht nur um einzelne Fragestellungen, sondern um die Entwicklung komplexerer Systemreihen.

Im Laufe der Jahre setzte sich die von uns Industriedesignern angedachte Forderung, Produkte müssten so gestaltet sein, dass sie die ästhetischen ebenso wie die funktionalen und ergonomischen Bedürfnisse des Menschen erfüllen, durch.

Es ergibt sich aber auch eine Chance; die große und noch weiter zunehmende Flexibilität der Elektronik gibt dem Design einen größeren Spielraum als die Mechanik und daher auch neue Möglichkeiten für Design-Innovationen.

Zunehmend ist aber auch unsere Designaufgabe, das Verhalten des Menschen, unsere Umwelt und das Zusammenleben direkt oder indirekt zu beeinflussen, das heißt die Lebensqualität der Menschen zu verbessern.

Bessere Möglichkeiten für den Dialog zwischen Mensch und Computer, enge Teamarbeit zwischen Techniker und Designer ist in Zukunft noch wichtiger als bisher. Ich war immer bemüht, nicht nur unmittelbare Gebrauchsvorteile meiner gestalteten Produkte zu erreichen, es ging mir auch um den Nutzen für die Gesellschaft.

Prof. Hans Erich Slany, Esslingen 2013

Grundlegendes zur Entwicklung von Design in der BRD

Die Anfänge in der ersten Hälfte des 20. Jahrhunderts

Zu Beginn des 20. Jahrhunderts wurde in Deutschland erstmals spürbar, dass sich Künstler, Architekten und auch fortschrittliche Unternehmer Gedanken über die Funktion von Form machten. Sie begannen Regeln festzusetzen, nach denen Formen nicht nur schön sein sollten, sondern auch zahlreichen anderen Kriterien zu entsprechen hatten.

Diese Forderungen manifestierten sich im Jahr 1907 mit der Gründung des Deutschen Werkbundes durch Personen aus diesen Kreisen. Die Werkbundmitglieder hatten sich zunächst zum Ziel gesetzt, den Wildwuchs von Formen in der wilhelminischen Zeit einzudämmen. Stattdessen sollten langlebige Produkte hergestellt werden, die keinen schnell wechselnden modischen Strömungen unterworfen waren und auch in großen Stückzahlen preiswert hergestellt werden konnten. Dies sollte zu einem hohen Bekanntheitsgrad und einem damit einhergehenden großen Erfolg dieser Produkte führen.

Insbesondere in den 1920er-Jahren gewann der Deutsche Werkbund mit diesen Vorgaben einen großen Einfluss auf die Produktentwicklung und Architektur. Zu seinen wichtigsten Vertretern zählten Walter Gropius, Mies van der Rohe und Wilhelm Wagenfeld, welche mit ihren Arbeiten Maßstäbe setzten, die teilweise bis heute gültig sind.

Wilhelm Wagenfeld[8]

Wilhelm Wagenfeld (1900–1990) war ein berühmter Bauhaus-Designer und gilt als einer der einflussreichsten deutschen Produktgestalter. Seine bekannte und sehr erfolgreiche Tischleuchte aus dem

Jahr 1924, die Bauhausleuchte MT8, spiegelt bereits die typischen Eigenschaften seiner Entwürfe wider: Formenstrenge und Perfektionismus gepaart mit Funktionalität und einer günstigen Herstellungsweise.

Wagenfeld absolviert eine Lehre im Zeichenbüro des Silberwarenherstellers Koch & Bergfeld und studiert gleichzeitig bis 1919 an der Kunstgewerbeschule in Bremen. Es folgen ein dreijähriges Studium an der Staatlichen Zeichenakademie in Hanau/Main und die Vollendung seiner Ausbildung am Bauhaus in Weimar. Die Lehre im Fach Metallarbeiten bei László Moholy-Nagy beeinflusst seine späteren Arbeiten in besonderem Maße.

Nach bestandener Gesellenprüfung arbeitet Wilhelm Wagenfeld in der Metallwerkstatt der Bauhochschule in Weimar. 1928 übernimmt er ihre Leitung und tritt dem Deutschen Werkbund bei. Zwei Jahre später entwirft Wagenfeld im Zuge seiner Tätigkeit für die Glaswerke Schott und Gen. in Jena das berühmte Teegeschirr aus Glas und übernimmt im Jahr 1935 die künstlerische Leitung der Vereinigten Lausitzer Glaswerke in Weißwasser.

In dieser äußerst produktiven Phase, die erst mit seinem Eintritt in den Zweiten Weltkrieg 1942 endet, entstehen zahlreiche Entwürfe für die Porzellanwarenfabriken Fürstenberg und Rosenthal, die Vase Paris sowie die geknickte Pelikan-Tintenflasche. Der Charakter seiner Designs wird nun immer industrieller.

Seine Prinzipien erläutert Wagenfeld in verschiedenen Aufsätzen für die Zeitschrift „form" und gibt sie während seiner Lehrtätigkeit an der Staatlichen Kunsthochschule Grunewaldstraße in Berlin sowie an der Hochschule für Bildende Künste Berlin weiter.

1954 eröffnet er seine Werkstatt Wagenfeld in Stuttgart, die sich vollständig dem Entwurf von industriellen Produkten widmet. Bis zu ihrer Schließung 1978 zählen zu ihren Kunden unter anderem die großen Firmen WMF, Peill & Putzler und die Braun AG.

Die Entwürfe Wilhelm Wagenfelds erhalten zahlreiche Auszeichnungen, wie den Grand Prix der Triennale Mailand 1957, den Berliner Kunstpreis 1968 oder den Bundespreis Gute Form 1969 und 1982. Bereits 1965 wurde Wagenfeld zum Ehrenmitglied der Akademie der Künste Stuttgart und drei Jahre später zum Ehrenmitglied der Akademie der Künste Berlin ernannt.

Im Jahr 1919 gründete das Werkbundmitglied Walter Gropius in Weimar das Bauhaus, das die Philosophie des Werkbundes pflegen und lehren sollte. Insbesondere die konservativen Kreise der neu gegründeten Weimarer Republik lehnten das Bauhaus ab. Dies hatte eine Umsiedlung von Weimar nach Dessau zur Folge. Doch auch in Dessau erfuhr die Vereinigung keine stärkere Unterstützung, wodurch ein weiterer Umzug nach Berlin notwendig wurde. Im Jahr 1934 wurde schließlich das Bauhaus durch die Nationalsozialisten geschlossen und im selben Jahr der Deutsche Werkbund aufgelöst. Zahlreiche ehemalige Lehrer des Bauhauses gingen in die USA und verbreiteten dort die Bauhaus-Ideen weiter.
Doch auch in Deutschland blieb der Einfluss des Bauhauses durch seine ehemaligen Mitglieder in der Architektur – insbesondere bei den Zweckbauten – und bei Massenprodukten wie dem Volksempfänger oder Kantinengeschirren sichtbar.
Nach Ende des Zweiten Weltkriegs sahen sich die Künstler, Architekten und Formgeber mit gänzlich anderen Verhältnissen als noch in der Zeit davor konfrontiert. In den deutschen Städten lagen viele Kubikmeter Schutt, teilweise waren über 90 Prozent der Häuser und Wohnungen einer Stadt zerstört, ihre Einrichtungen waren nicht mehr zu gebrauchen und es fehlte überall am Nötigsten. Nach damaligen Berechnungen würde erst nach weit über zwei Jahrzehnten der Lebensstandard von 1936 wieder erreicht sein. In dieser Zeit der Mangelwirtschaft fielen die Ideen des Werkbundes und des Bauhauses auf fruchtbaren Boden. Die zahlreichen Zerstörungen und katastrophalen Lebensverhältnisse können daher als Voraussetzung für die Wiederauferstehung des Werkbundgedankens angesehen werden, der die Kombination aus Ästhetik und reiner Funktion propagierte. Auch die ehemaligen Mitglieder des Werkbundes besannen sich auf ihre Vorstellungen aus der Zeit vor dem Nationalsozialismus, die nun wieder hochaktuell waren, und fanden sich 1947 zur Neugründung des Deutschen Werkbundes zusammen.
Doch dieser Neuanfang wurde nicht nur in kreativen Berufskreisen angestrebt, auch breitere Bevölkerungsschichten, wie beispielsweise die Hausfrauen, trennten sich liebend gern von ihren alten Küchengeräten. Die Töpfe und angeschlagenen Porzellangeschirre sahen nicht nur verbraucht aus – was sie nach sechs Jahren Kriegsgeschehen mit Sicherheit auch waren –, es hingen auch viel zu viele schlechte Erinnerungen an eine vergangene Zeit an ihnen. Kurz gesagt, die Menschen konnten die alten Produkte nicht mehr sehen. Eine breite Käuferschicht schloss sich daher dem Grundgedanken der Werkbundmitglieder unbewusst an. Ein gutes Beispiel für den großen Erfolg von neugestalteten Produkten nach

dem Zweiten Weltkrieg stellt das Porzellangeschirr 2000 der Firma Rosenthal dar, das von Raymond Loewy gestaltet wurde. Seine Besitzerinnen zeigten es stolz ihren Freundinnen, die es dann selbstverständlich auch haben wollten. Langsam, aber sicher breitete sich der Konsumgedanke wieder aus, das Zeitalter des Wirtschaftswunders der 1950er-Jahre tat hierzu ein Übriges.

Die Vorstellungen über Gestaltung werden konkreter

Sechs Jahre nach der Neugründung des Deutschen Werkbundes, 1953, fanden in den Gebäuden der Künstlerkolonie Mathildenhöhe die sogenannten Darmstädter Gespräche statt, in denen Meinungen über den Wiederaufbau der Bundesrepublik ausgetauscht wurden. Hierbei wurde besonders deutlich herausgestellt, dass die rationelle Produktion ein wichtiger Bestandteil eines schnellen Wiederaufbaus sein würde. Auch bei dieser Forderung wird der Rückgriff auf die Ideen des Werkbundes der 1920er-Jahre deutlich. Ludwig Erhard, der damalige Wirtschaftsminister, war ein überzeugter Anhänger dieser Ideen und unterstützte daher die Gründung des Rats für Formgebung im selben Jahr 1953.
Der Rat für Formgebung ist eine vom deutschen Staat gestützte Institution, deren wichtigste Mitglieder aus dem Deutschen Werkbund stammen. Auch die Vorsitzende und Gründungsmitglied Mia Seeger, eine Freundin von Mies van der Rohe, war schon vor dem Zweiten Weltkrieg Mitglied des Werkbundes und im Rat für Formgebung besonders aktiv.
Ähnliche Ziele wie der Rat für Formgebung verfolgten auch in verschiedenen Bundesländern gegründeten Institute, die die Industrie unterstützen sollten. Bekannte Beispiele hierfür sind das Landesgewerbeamt in Stuttgart und das Haus Industrieform Essen. Diese Institute veranstalteten Sonderschauen, in denen nach Werkbundkriterien ausgewählte Produkte der deutschen Industrie gezeigt wurden. Der Rat für Formgebung war ebenfalls häufiger Veranstalter solcher Sonderausstellungen, die hier auch der Exportförderung dienten. Die Ausstellungen und Sonderschauen hatten einen großen Einfluss auf die Geschmacksbildung breiter Bevölkerungsgruppen. Die Firmen erkannten dieses Potenzial und versuchten daher oftmals mit viel Aufwand ihre Produkte in diesen Ausstellungen zu präsentieren. Die Jahresdesignausstellung des Landesgewerbeamts Stutt-

gart galt mit ihren Ausstellungskatalogen beispielsweise als beste Werbung für die Industrie.

Mia Seeger[9]

Mia Seeger (1903–1991) war eine Designtheoretikerin, die durch ihre Mitarbeit und Organisationstätigkeit bei zahlreichen Designausstellungen die Entwicklung des Deutschen Designs nachhaltig prägte.
Nach erfolgreichem Abschluss der Kunstgewerbeschule Stuttgart beginnt Mia Seeger 1924 ihre Arbeit für den Deutschen Werkbund. Noch im selben Jahr organisiert sie die Werkbund-Ausstellung „Die Form ohne Ornament" mit und ist ein Jahr später an der Triennale in Monza beteiligt. In den folgenden Jahren ist Mia Seeger Mitorganisatorin zahlreicher Ausstellungen wie der Werkbundausstellung „Die Wohnung" oder „Film und Foto" sowie „Der Stuhl" in Stuttgart. Im Zuge ihrer Arbeit für die Zentrale des Werkbundes in Berlin übernimmt Seeger ebenfalls die Planung und Organisation verschiedener wichtiger Ausstellungen.
1932 erscheint ihr erstes Buch „Der neue Wohnbedarf", in dem sie moderne und dennoch preisgünstige Gebrauchsgegenstände vorstellt. Daneben schreibt sie zahlreiche einschlägige Artikel für die Zeitschrift Moderne Bauformen und macht ihr Buchhändler-Examen.
In den Jahren 1937 bis 1952 arbeitet Mia Seeger als Lektorin und Redakteurin für den Verlag Julius Hoffmann in Stuttgart, der sich auf den Themenbereich Architektur, Bauen und Innenarchitektur spezialisiert hat.
1949 wird sie zum Vorstandsmitglied des Deutschen Werkbundes Baden-Württemberg gewählt und ist vier Jahre später Gründungsmitglied des Rats für Formgebung. Auch zu dieser Zeit betreut Mia Seeger weiterhin zahlreiche Design-Ausstellungen in London, Paris, Stockholm und Helsinki und ist Jurymitglied der Weltausstellungen in Brüssel 1958 und in Montréal 1967. 1981 wird Mia Seeger zum Ehrenmitglied der Staatlichen Akademie der Bildenden Künste Berlin ernannt und gründet vier Jahre später die Mia Seeger Stiftung in Stuttgart. Die bis heute bestehende Stiftung widmet sich der Förderung des Designs und schreibt alljährlich einen hoch dotierten Design-Preis aus.

In diesen Anfangsjahren der Bundesrepublik Deutschland spielte auch die Hochschule für Gestaltung Ulm eine wichtige Rolle im Bereich der Formgebung und des Designs. Die HfG Ulm wurde Anfang der 1950er-Jahre durch Inge Scholl, Otl Aicher, Hans Werner Richter und Max Bill gegründet. Der bekannte Schweizer Bildhauer und Maler Max Bill war ein ehemaliger Schüler des Bauhauses und stand damit ganz in der Tradition seiner Ideale und Ziele. Die HfG Ulm war eine private Ausbildungsstätte, deren Träger die Geschwister-Scholl-Stiftung war, die insbesondere von den Amerikanern unterstützt wurde. Es war jedoch nicht möglich, in dieser Ausbildungsstätte einen staatlich anerkannten Abschluss oder ein Diplom zu erlangen.

Die eigentliche Lehre an der HfG Ulm war nicht exakt strukturiert und die Lehrerschaft bunt zusammengewürfelt. Die Lehrverträge wurden nur auf wenige Jahre abgeschlossen und bei Bedarf verlängert. Diese Umstände führten bald zu sehr großen Spannungen zwischen den Lehrenden und bereits 1956 schied der Gründer Max Bill im Streit aus. Hinzu kamen finanzielle Probleme, da die Geschwister-Scholl-Stiftung allein die finanziellen Mittel nicht aufbringen konnte, um einen geregelten Schulbetrieb zu ermöglichen. Es folgten schließlich Verhandlungen mit dem baden-württembergischen Kultusministerium um die staatliche Anerkennung der HfG Ulm, da diese die wichtige finanzielle Grundlage geschaffen hätte. Für die staatliche Anerkennung der Ausbildungsstätte verlangte das Kultusministerium wie bei allen Kunsthochschulen einen von ihm genehmigten Lehrplan, eine Immatrikulationsordnung, einen Studienplan und eine Studienabschlussordnung. Diese Voraussetzungen konnten jedoch nicht erfüllt werden, da die Lehrerschaft sich außer Stande sah, sich auf ein gemeinsames Konzept zu einigen.

Ende der 1960er-Jahre schien es, als könnte die Schließung der bereits sehr bekannt gewordenen Hochschule für Gestaltung Ulm nicht mehr abgewendet werden. Der Baden-Württembergische Werkbund, bei dem ich zu dieser Zeit Vorstandsmitglied war, wollte zwischen den zerstrittenen Parteien vermitteln und nahm daher an Besprechungen zwischen dem damaligen Kultusminister Hahn und dem Ulmer Rektor der Hochschule, dem Brasilianer Maldonato, teil. Dennoch war keine Einigung möglich und die endgültige Schließung der HfG Ulm wurde Realität.

Die Gründung des Verbands Deutscher Industrie Designer 1959

Die Gründung des Verbands Deutscher Industrie Designer (VDID) nahm ihren Anfang auf der Weltausstellung in Brüssel im Jahr 1957. Der deutsche Pavillon, in dem jurierte Exponate der deutschen Industrie gezeigt wurden, spiegelte deutlich den Werkbundgedanken wider und präsentierte den Besuchern Beispiele für vorbildliches deutsches Industriedesign. Da die Ausstellungsstücke insbesondere in Deutschland für breite Bevölkerungsschichten geschmacksbildend waren, stellte die Weltausstellung in Brüssel einen großen Erfolg für die beteiligten Firmen dar.

Wir sieben späteren Gründungsmitglieder des VDID – Hans Theo Baumann, Karl Dittert, Günter Kupetz, Peter Raacke, Rainer Schütze, Arno Votteler und ich – kannten uns zu diesem Zeitpunkt nur flüchtig, waren aber alle mit unseren Arbeiten auf der Weltausstellung in Brüssel vertreten und trafen uns dort bei Gesprächen. Zu dieser Zeit gab es noch keine gültige Formulierung zum Berufsbild des Industriedesigners und keine entsprechenden Designausbildungsstätten, die staatlich anerkannt waren. An den Kunstakademien der Werkkunstschulen wurden vorwiegend die Kunstfächer Malerei und Bildhauerei angeboten, daneben gab es in Stuttgart noch eine Klasse für die Silberschmiedeausbildung. Ebenso gab es an den Werkkunstschulen in Pforzheim und Schwäbisch Gmünd Klassen für Schmuck- und Silbergeräteentwerfer. In der Ausbildung für den Bereich Architektur wurde zwischen Architekturausbildung und Innenarchitekturausbildung unterschieden, bei Letzterem war auch das Entwerfen von Möbeln ein Teil des Lehrplans. Uns allen war daher bewusst, dass die Notwendigkeit bestand, einen eigenen Berufsverband zu gründen. Nicht zuletzt wollten wir damit auch dem damals überschäumenden modischen Einfluss auf die Produkte und der modischen Effekthascherei begegnen. Die Gründung des VDID im Jahr 1959 wurde durch Herbert Hirche unterstützt, der seine Ausbildung am Bauhaus erhalten hatte und bereits als Entwerfer für Möbel bekannt war. Er war Professor an der Akademie Stuttgart und hatte den Lehrstuhl für Innenarchitektur inne. Auch in späteren Jahren sollte Herbert Hirche stets ein wohlwollender Begleiter aller Aktivitäten des VDID sein.

Über die Namenswahl des neu zu gründenden Berufsverbands wurde indessen kontrovers diskutiert. Da die deutsche Industrie stark exportorientiert, aber noch nicht etabliert war, entschieden wir uns schließlich, den englischen und damit international verständlichen Begriff „Designer" zu verwenden. Nach anfänglichen Schwierigkeiten wurde dieser Begriff auch schnell allgemein bekannt und verwendet.

In den Statuten des VDID legten wir fest, wer diesem Verband beitreten konnte. Jedes neue Mitglied musste ein Aufnahmegesuch einreichen und Arbeiten vorlegen, um nachzuweisen, dass der Bewerber sich im weitesten Sinne den Ideen des Deutschen Werkbundes verpflichtet fühlte.

Bei unserer ersten Verbandstagung in Kassel warben wir Gründungsmitglieder unter den eingeladenen Kollegen für den Beitritt zum Berufsverband. Diese Versammlung war entscheidend für die Etablierung des VDID und verlief durchaus kritisch, was sich an den langen Diskussionen zeigte. In den folgenden Jahren wuchs der Verband immer weiter und bildet heute die größte Designervereinigung in Deutschland. Der VDID setzte Wertmaßstäbe und brachte die Richtlinien für die Ausbildung und Qualifizierung von Designern auf den Weg. Heute ist er als wichtiger Berater der Industrie tätig und tritt häufig als Mittler zwischen Unternehmern und Designern auf. Als umfangreicher Informations- und Beratungsdienst zu allen Fragen des Designs arbeitet der VDID bundesweit.

Meine Kindheit und Ausbildung

Meine Kindheit im Sudetenland

Meine Kindheit verbrachte ich wohlbehütet in dem kleinen Ort Böhmisch-Wiesenthal im Sudetenland, das heute zu Tschechien gehört. Böhmisch-Wiesenthal war durch seinen Silberbergbau bekannt und in den Status einer freien Bergstadt erhoben worden. Diese Stadt war nur durch einen Grenzbach von der kaum größeren Ortschaft Oberwiesenthal in Sachsen getrennt. Die Bewohner des Sudetenlandes waren durchwegs Deutsche und dabei strenggläubige Katholiken, mein Vater war mehr ein Freigeist. Ich durchstreifte besonders gerne mit meinen Freunden, später auch mit meinen Freundinnen, meine liebe Heimat mit ihrem rauen Klima und der gebirgigen Landschaft. Meine erste große Liebe war Uschi, mit der ich heute noch, nach über 70 Jahren, in Kontakt stehe.
Während meiner Jugendzeit sollte ich häufig im elterlichen Betrieb mithelfen. Meist konnte ich mich davor allerdings drücken, indem ich allerlei Ausreden erfand. Es stellte sich auch bald heraus, dass das, was mein Vater für mein weiteres Leben geplant hatte, nicht unbedingt meinen Vorstellungen entsprach. Auch der Bauernhof meines Großvaters mütterlicherseits interessierte mich nicht so sehr. Meinen Großvater selbst habe ich allerdings in sehr guter Erinnerung, denn er gab mir sehr viele Lebensweisheiten mit. Auch wenn mein Vater von meinem Vorhaben, auf die Ingenieurschule zu gehen, nicht unbedingt begeistert war, so konnte ich doch jederzeit auf die Unterstützung meiner Mutter vertrauen, die immer auf der Seite ihres Sohnes stand.
Schon in jungen Jahren zeigten sich mein Interesse und meine Begabung für allerlei Basteleien. Anstatt im Geschäft meiner Eltern oder auf dem Bauernhof meines Großvaters zu helfen, bastelte ich viel lieber an meinem Fahrrad herum, das ich dringend brauchte, um den relativ weiten Weg zur Bürgerschule in der nächsten größeren Stadt zurückzulegen. Die Bürgerschule war in Weipert, das rund 15 Kilometer von Böhmisch-Wiesenthal entfernt ist.

Ingenieurschule in Eger

Im Jahr 1941 trat ich in die Staatsgewerbeschule Eger, Ingenieurschule für Maschinenbau ein. Da Eger rund 40 Kilometer von Böhmisch-Wiesenthal entfernt ist, konnte ich nicht mehr zu Hause wohnen, sondern suchte mir in Eger eine Unterkunft. Wir Studenten – die 14- bis 15-jährigen Schüler der Staatsgewerbeschule wurden damals so genannt – wohnten größtenteils nicht mehr zu Hause, sondern bei einer sogenannten „Kostschachtel". Eine meist ältere Witwe, die eine größere Wohnung hatte, gab den Studenten Unterkunft und kochte auch für sie. Nicht selten halfen die Vermieterinnen und deren meist sehr freizügigen Dienstmädchen auch bei der ersten sexuellen Aufklärung tatkräftig mit. Besonders mit den Dienstmädchen sammelten wir unsere ersten Erfahrungen.

Bei meinem Umzug nach Eger brachte mich mein Vater mit seinem Auto in die Stadt und holte mich auch hin und wieder dort ab, wenn ich einen kurzen Besuch bei meiner Familie in Böhmisch-Wiesenthal geplant hatte. Meist fuhr ich aber mit dem Zug zurück in meinen Heimatort. Allerdings hatte Böhmisch-Wiesenthal keinen eigenen Bahnhof, sodass ich zu Fuß noch runde 8 Kilometer zurücklegen musste.

In Eger suchte ich mir die Kostschachtel aus, deren Wohnung an der Hauptverkehrsstraße lag. Die Bahnhofstraße führte vom Bahnhof zum Marktplatz und war eine besonders breite Straße mit breiten Gehwegen. Hier befand sich der sogenannte „Bummel", auf dem sich abends die Mädchen und Jungen zu gemeinsamen Spaziergängen trafen. Ich suchte mir bewusst eine Kostschachtel, die im ersten Stock ihre Wohnung hatte. Von meinem Fenster aus konnte ich direkt auf den „Bummel" sehen und die vorbeischlendernden Pärchen beobachten.

In Eger gab es sehr viele nette Mädchen und uns Studenten bereitete es eine besonders große Freude, mit ihnen häufig Ausflüge in die Umgebung zu unternehmen.

Auch ein Ereignis, an das ich mich besonders genau erinnern kann, hatte mit dem weiblichen Geschlecht zu tun. Mein Schulkamerad bei der Kostschachtel in der Bahnhofstraße war ein junger Wiener. Obwohl es bei Fliegeralarm Vorschrift war, die Keller aufzusuchen, nutzte er diese Zeit, um sich mit dem Dienstmädchen der Kostschachtel zu amüsieren. Mitten im Amusement hat ihn der Luftschutzwart erwischt.

Ergebnis dieser Vergnügungen war schließlich, dass die Kostschachtel glaubte, sie müsste meinem Vater wegen meiner Mädchengeschichten einmal die Augen öffnen. Mein Vater, der selbst auch kein Kostverächter war, schmunzelte aber nur über ihre Ausführungen. Die Kostschachtel war entsetzt über diese verdorbene Familie.

Ein großer Vorteil meiner neu gewonnenen Freiheit war, dass wir den ungeliebten Veranstaltungen der Hitlerjugend leicht fernbleiben konnten.

Meine bewegte und interessante Jugendzeit in Eger verdanke ich unter anderem auch dem Einfluss meines Lehrers, Professor Heinrich. Neben den Ingenieurwissenschaften wurden wir in Eger auch in anderen Fächern unterrichtet. Da viele Professoren der Staatsgewerbeschule zum Kriegsdienst eingezogen waren, bekamen wir als Aushilfen Professoren des humanistischen Gymnasiums. Geschichte und insbesondere Literaturgeschichte mochte ich sehr gerne. Technik hat mich dagegen nicht so sehr interessiert. Durch Professor Heinrich, den ich sehr schätzte, wurde ich dazu angeregt, sehr viel zu lesen. Er empfahl uns in seinem Unterricht Bücher und ich legte regelrechte Lesetagebücher mit zahlreichen Notizen an.

Natürlich waren meine literarischen Studien nicht immer nur ernsthaften Themen gewidmet. In Eger gab es eine große städtische Bibliothek und wir Jungen wollten insbesondere die Bücher bekommen, die wir nicht lesen sollten. Ich sehe heute noch die Bibliothekarin vor mir, wie sie uns immer von unten durch ihre Brille anschaute. Eines Tages gingen wir besonders forsch zu ihr hin und sagten, wir möchten gerne das Buch „Erinnerungen". Sie suchte in ihrem Zettelkatalog nach diesem Titel und fragte uns schließlich, wer der Autor sei. „Casanova", kam es einstimmig von uns zurück. Casanova lasen wir schon mit 16 Jahren sehr eifrig.

Doch trotz dieser zahlreichen prägenden Erlebnisse durfte natürlich die eigentliche Ausbildung in Eger nicht zu kurz kommen. Die Ingenieurausbildung erfolgte im Sudetenland nach altem österreichischem Schulsystem. Während der acht Semester dauernden theoretischen Ausbildung erhielten wir auch die praktische Ausbildung in den Lehrwerkstätten. In Deutschland war dagegen damals eine circa zweijährige praktische Ausbildung Voraussetzung, um für das fünf Semester dauernde Ingenieurstudium überhaupt zugelassen zu werden. Die Ausbildung in Eger endete mit dem Ingenieurexamen, das gleichzeitig die technische Reifeprüfung beinhaltete. Ich musste die Schule aufgrund der Kriegsereignisse leider bereits nach sechs Semestern vorzeitig verlassen, da die ganze Klasse zur deutschen Wehrmacht eingezogen wurde.

Krieg und Kriegsgefangenschaft unterbrechen meine Ausbildung

Am 1. Juni 1944 musste ich zur Musterung und wurde zu meinem großen Ärger als tauglich befunden. Ich schimpfte heftig, da ich eigentlich mein Studium vollenden wollte und dazu nur noch ein halbes Jahr benötigt hätte. Aber alles Schimpfen half nichts, ich musste zur Rekrutenausbildung, die damals als „Schnellsiedekurs" bezeichnet wurde. Da ich mich nicht freiwillig für den Kriegsdienst gemeldet hatte, konnte ich mir die Waffengattung nicht aussuchen und wurde zur Ausbildung nach Pisek im damaligen Protektorat Böhmen und Mähren abkommandiert. Mein Glück war dann allerdings, dass ich zu einem Reserveoffizierslehrgang abgestellt wurde, was nicht selbstverständlich war.

Am 20. Juli 1944 erhielten wir den Befehl, marschfähig am Marktplatz von Pisek anzutreten. Zu diesem Zeitpunkt ahnte noch keiner von uns, was der Anlass für diesen Befehl war, und so wunderten wir uns, warum uns die anwesenden tschechischen Zivilisten ständig angrinsten. Erst später erfuhren wir von dem Attentat auf Hitler durch Graf von Stauffenberg und verstanden die jetzt nachvollziehbare Reaktion der Tschechen.

Meine früheren Kameraden von der Rekrutenausbildung wurden – im Gegensatz zu uns Absolventen des Reserveoffizierslehrgangs – derweil geschlossen mit dem Zug an die Front nach Ungarn geschickt. Um zu verhindern, dass der Zug russischen Soldaten in die Hände fiel, wurde von jedem Bahnhof aus, den der Zug passierte, der nächste Bahnhof auf der Strecke angerufen: „Ist bei euch schon der Russe?" Lautete die Antwort „Nein", so fuhr der Zug bis zum nächsten Bahnhof weiter. Pech war dann allerdings, dass die mit Panzern vorstoßenden russischen Soldaten einen Angriff starteten, noch während der Zug auf freier Strecke war. Der komplette Zug fiel mit allen Soldaten und deren Pionierausrüstung in russische Hand, die Kameraden kamen geschlossen in russische Kriegsgefangenschaft.

Einer der Ausbilder konnte jedoch noch vor der Gefangennahme „stiften gehen" und kam zu uns zurück. Seine Ratschläge, die er daraufhin uns Offiziersanwärtern erteilte, sollten meinen weiteren Lebensweg entscheidend beeinflussen. Der Rat war ebenso einfach wie effektiv – immer sofort im ersten Durcheinander „stiften gehen". Hatte ich bis zu diesem Ereignis bei der Rekrutenausbildung noch alles passiv über mich ergehen lassen, so nahm ich ab sofort alles sehr ernst. Ich hatte zum ersten Mal das Gefühl, in einer solchen Situation selbst über mein Handeln entscheiden zu können.

Noch vor dem Abschluss unserer Ausbildung zum Reserveoffizier wurden wir Anfang Februar 1945 mit dem Zug an die Ostfront nach Lauban verlegt, das östlich von Görlitz in Schlesien liegt. Die sogenannte Frontbewährung war ein Teil unserer Ausbildung. In Lauban wurden wir zur Verstärkung der dort stationierten Wehrmachtsteile auf diese verteilt. Dieser Frontabschnitt war damals relativ ruhig, gerade wir jungen Offiziersanwärter bildeten lediglich Spähtrupps, die in der Nacht das besetzte Hinterland durchstreiften. Auf diesen Spähtrupps stießen wir immer wieder auf versteckte deutsche Einheimische, die uns von den Gräueltaten der russischen Soldaten berichteten, die sich besonders gegen deutsche Frauen richteten. Neben Frauen und Mädchen waren es meist ältere Männer, denen wir mit Unverständnis begegneten und die wir fragten, warum sie denn noch hier sitzen würden und nichts dagegen unternommen hätten. Wir waren der Meinung, dass sie hätten einschreiten müssen, auch wenn sie deshalb erschossen worden wären.

Am Morgen des 6. Mai 1945 schreckte uns russisches Trommelfeuer aus unserem Schlaf. Die Russen griffen an und stießen mit einer großen Übermacht Richtung Görlitz vor. In der Folge entstand ein großes Rückzugschaos, komplette deutsche Einheiten verstopften mit ihren Wehrmachts-Lkws die Straßen. Jeder wollte nur eines: der Gefangennahme durch die Russen entgehen. Ich organisierte mir ein herrenloses Fahrrad und versuchte, nach Süden auszuweichen, da die Parolen überall lauteten, die Russen wären bereits im Westen durchgestoßen. Bei einem russischen Tieffliegerangriff wurde das Fahrrad demoliert und ich ging rund einen Kilometer zu Fuß weiter in Richtung Süden. Dort stieß ich auf eine SS-Einheit, die aus lettischen Freiwilligen bestand. Diese waren auf dem Weg nach Prag und hatten noch freie Plätze auf ihrem Lkw. Prag war ein begehrtes Ziel, denn eines der vielen Gerüchte lautete, dass die Engländer schon in Prag seien. Da die offiziellen Nachrichtendienste vollkommen zusammengebrochen waren, schenkte sowohl die SS-Einheit als auch ich diesen Gerüchten Glauben. Während unserer Fahrt sprangen immer mehr versprengte Deutsche auf den Lkw, sodass sie zuletzt in großen Menschentrauben an unserem Fahrzeug hingen. Durch die tschechischen Ortschaften fuhren wir mit Vollgas, da unser vollkommen überladener Lkw immer heftiger beschossen wurde. Im allgemeinen Durcheinander ging ein jeder nach dem Motto vor „Rette sich, wer kann".

Bei Melnik im Protektorat Böhmen und Mähren wurde ich zusammen mit der lettischen Waffen-SS-Einheit von tschechischen Partisanen gefangen genommen. Nachdem diese unseren Lkw beschlagnahmt hatten, ließen sie uns jedoch wieder laufen und wir mussten zu Fuß weitermarschieren. Wir erfuhren schließlich vom Ende des Krieges und glaubten, einer Gefangennahme entgangen zu sein. Wir änderten daher unsere Marschrichtung und gingen Richtung Norden, um die deutsche Grenze zu erreichen. Es gelang mir, mich bei einem überladenen Lazarett-Lkw zwischen Kühler und vordere Radabdeckung zu legen. So fuhr ich bis nach Leitmeritz, wo auch dieser Lkw beschlagnahmt wurde. Hier verbrachte ich meine erste Nacht mit vielen hundert anderen in einem Stadtpark von Leitmeritz. Am nächsten Morgen gingen wir zu Fuß weiter nach Westen in Richtung Brix, Dux und Komotau im Sudetenland (heute Tschechien). Da diese Städte in einem großen Braunkohlerevier liegen, waren dort während des Krieges Zwangsarbeiter zahlreicher Nationalitäten, insbesondere viele polnische, französische und italienische, in den Kohlebergwerken beschäftigt gewesen. Diese Zwangsarbeiter bedeuteten für uns eine große Gefahr, da sie eine mächtige Überzahl bildeten und bereit waren, schnell zu schießen. Sie durchsuchten uns nach versteckter Munition, die wir natürlich schon lange weggeworfen hatten. Oftmals hatte man aber in seinem Brotbeutel noch eine Patrone vergessen. Fanden die Zwangsarbeiter diese, so wurde ihr deutscher Besitzer sofort zur Seite genommen und dort erschossen. Wir hatten den Eindruck, diese Leute suchen nur einen Grund zu schießen.

Ich konnte meinen Weg jedoch weiter nach Görkau fortsetzen, ein kleines Städtchen östlich vor der Stadt Komotau. Erst später erfuhr ich, dass die Russen in dieser Gegend von Süden nach Norden umfangreiche Einheiten stationiert hatten, die zurückkehrende entwaffnete deutsche Soldaten abfangen sollten. In Görkau selbst gab es ein Lager, in dem die deutschen Soldaten zusammengetrieben wurden. Das Lager war jedoch zunächst relativ schlecht bewacht und man sagte uns, wir müssten nur warten, bis der Kommissar kommt und uns einen Entlassungsschein ausstellt. Ich war den Russen gegenüber sehr misstrauisch und hielt das Ganze für eine Finte, um uns in Sicherheit zu wiegen. In der ersten Nacht floh ich aus dem schlecht bewachten Lager, den Warnungen meiner Kameraden zum Trotz. Diese erklärten mich für leichtsinnig, da ich mit einer Flucht mein Leben riskierte, wo wir doch am nächsten Tag sowieso entlassen werden sollten. Ich machte mich dennoch auf den Weg Richtung Westen, in der Hoffnung, auf amerikanische Einheiten zu stoßen, denen ich mich freiwillig gefangen geben wollte.

Rund um die Stadt und in den Straßen von Komotau lagen im Umkreis russische Einheiten, die mit viel Alkohol ihren Sieg lautstark feierten. Auch sie sollten versprengte deutsche Soldaten festnehmen und hatten hierzu Kontrollstellen auf den Straßen eingerichtet. Diese Kontrollstellen waren nur für die Fremdarbeiter durchlässig. In langen Kolonnen zogen sie mit kleinen Handwagen, auf denen sie ihre Habseligkeiten verstaut hatten, auf dieser einzigen Straße mit einer russischen Bescheinigung im Gepäck heimwärts.

Vor Komotau kam ich an eine Kreuzung, an der eine junge, etwas mollige Russin – wir nannten sie Flintenweiber – den Verkehr lenkte. Ahnungslos bin ich mit weiteren deutschen Soldaten zu dieser Kreuzung vorgestoßen und die junge Russin machte sofort durch heftiges Winken eine Sondereinheit von russischen Soldaten auf unsere Gruppe aufmerksam. Wir wurden daraufhin wieder ins russische Gefangenenlager in Görkau verfrachtet. Die Wachmannschaften bestanden dort insbesondere aus Polen. Nachts entfernte ich mich aus dem Lager und fragte einen dieser Polen, wie es mit uns weitergehen würde. Er antwortete mir, ich werde einen Entlassungsschein bekommen, sobald der Kommissar zurückkommt. Ich ging daraufhin zurück ins Lager, wo meine Kameraden mich mit Hohn empfingen und über meine Ungeduld spotteten. Noch am Abend bin ich nichtsdestotrotz wieder aus dem Lager geflüchtet.

Dieses Mal war ich besser auf die russischen Kontrollstellen vorbereitet. Ich suchte mir ein Versteck unter einem Baum, von dem aus ich die Straße mit der Kontrollstelle gut beobachten konnte, und fand bald heraus, dass die Russen diese Bescheinigungen nicht richtig lesen konnten. Sie wendeten das Blatt oft auf die verkehrte Seite und zählten dann die Personen lediglich ab, gaben aber vor, alles genau zu kontrollieren. Die Handwagen der Fremdarbeiter waren durch Fähnchen gekennzeichnet, an denen man ihre Nationalität ablesen konnte. Ich verbrachte dort in meinem Versteck mindestens einen halben Tag und beobachtete das Geschehen.

Als eine italienische Gruppe vorüberkam – sie schoben müde ihren Handwagen mit ihren Habseligkeiten –, sprang ich an den Handwagen und schob fleißig mit. Es gab keinerlei feindliche Reaktionen vonseiten dieser Gruppe. Als wir an eine russische Kontrollstelle kamen, konnten die Russen den von den Italienern gezeigten Zettel wieder nicht lesen und ließen sie nach kurzem Beratschlagen passieren. Nach dem glücklichen Ausgang dieser kritischen Situation stand mir eine weitere Überraschung bevor. Ein vermeintlicher Italiener kommentierte das eben Geschehene mit starkem sächsischem Akzent: „Gumpel, da haben wir aber Glück gehabt". Ich war also nicht der einzige Deutsche, dem die Gruppe der Italiener zur Flucht verholfen hatte.

Als ich die Stadt verlassen hatte, war ich ein freier Mann, denn hinter Komotau war kein einziger Russe mehr zu sehen. Zu dieser Zeit verkehrten zwischen Komotau und Karlsbad zahlreiche Sonderzüge, die Flüchtlinge, Frauen und Kinder aus dem Osten in den Westen brachten. Mit einem dieser Züge konnte ich Richtung Karlsbad runde 20 Kilometer zurücklegen, danach musste ich zu Fuß weitergehen. Mein Ziel war es, meine Heimat in Böhmisch-Wiesenthal zu erreichen. Als ich dort ankam, hatte ich meine Uniform längst ausgezogen und trug nur ein einfaches Sporthemd und eine Uniformhose. Insbesondere meine Schuhe waren in einem furchtbaren Zustand. Ich hatte keine Entlassungspapiere, also war ich immer noch ein deutscher Soldat. Zu Hause führte mich mein erster Weg in die Badewanne, ich bekam neue Schuhe und man feierte ein glückliches Wiedersehen. Schon zu dieser Zeit brachte meine Familie vieles aus unserem Besitz über die tschechische Grenze nach Sachsen. Darunter war auch ein Säckchen voller Fünf-Reichsmark-Stücke aus Silber, mit denen ich unter anderem später in Esslingen meine vielen Bücher für das Studium bezahlen konnte.

Nach ein paar Wochen wurde ich schließlich von den Tschechen in die innere Tschechei dienstverpflichtet. Da mein Vater zu dieser Zeit bereits verhaftet und in einem tschechischen Lager war, bat mich meine Mutter eindringlich, nicht zu flüchten, da sie Konsequenzen für meinen Vater befürchtete. Das tschechische Arbeitsamt wies mir eine Stelle zu, auf der ich mich absichtlich dusselig anstellte, so konnte mich niemand zur Arbeit gebrauchen. Ich musste mich daraufhin beim Arbeitsamt zurückmelden, das mich auf eine andere Stelle verpflichtet hat. Doch auch dort täuschte ich zwei linke Hände vor, ebenso auf meiner dritten Arbeitsstelle. Nun glaubte ich, meine Spuren genügend verwischt zu haben, denn es gab mehrere provisorische Arbeitsämter und ich meldete mich nicht immer beim gleichen zurück, sodass sie meinen Aufenthaltsort nur schwer kontrollieren konnten.

Schließlich setzte ich mich nach Oberwiesenthal ab, das direkt an der Grenze zur Tschechei, aber in der russischen Zone in Sachsen lag. Dennoch wagte ich es nicht, mich dort offen zu zeigen, und nahm den nächsten Zug um vier Uhr morgens, mit dem ich Richtung Plauen in ein kleines Dorf direkt an der amerikanisch-sowjetischen Zonengrenze fuhr. Gleich nach meiner Ankunft versuchte ich herauszubekommen, an welcher Stelle die Zonengrenze verläuft. Diese wollte ich im Schutz der Dunkelheit schwarz passieren. Jedoch haben dort auch nachts russische Streifen patrouilliert, vor denen ich mich im ersten Stock eines Hauses, das direkt an der Zonengrenze lag, versteckte. Ich befürchtete schon, sie seien auf der

Suche nach mir, doch zu meiner Erleichterung gehörte das Haus einfach zu ihrem normalen Rundgang. Nachdem sie sich entfernt hatten, wagte ich es, das Haus wieder zu verlassen. Auf der Straße traf ich auf ein junges Mädchen, das meine Absicht, in die amerikanische Zone zu gehen, wohl auf den ersten Blick erkannte. Sie zeigte mir einen Baum am Horizont, an dem die Zonengrenze verlief. Ich begab mich auf dem schnellsten Weg dorthin, und schon bei Tagesanbruch war ich in der amerikanischen Zone. Mir war zum ersten Mal bewusst: Ich kann nicht mehr zurück in meine Heimat ins Sudetenland.

Mein weiterer Weg führte mich nach München, allerdings noch immer ohne Papiere. Mein Versuch, in der Münchner Ingenieurschule unterzukommen, war erfolglos. Der Andrang an den Schulen war riesengroß, viele der heimkehrenden Soldaten waren ehemalige Studenten der Schule und wurden bevorzugt in die überfüllten Semester aufgenommen.

Ich verließ die Stadt, ging nach Nürnberg und versuchte an der dortigen Ingenieurschule unterzukommen, leider auch hier ohne Erfolg. Da bei Nacht ständig Razzien stattfanden, war der Aufenthalt ohne Papiere sehr heikel. Mir wurde geraten, mich kurzfristig bei den Amerikanern in Ulm zu melden, um dort relativ leicht Entlassungspapiere zu bekommen. Ich folgte diesem Rat und traf in Ulm auf Deutsche, die für die Amerikaner arbeiteten. Nachdem ich meine Bitte vorgetragen hatte, lachte mein Gegenüber nur und erklärte mir, dass ich genau einen Tag zu spät komme. Bis zum gestrigen Tag hätte ich noch ohne Probleme meinen Entlassungsschein erhalten, nun müsste ich zunächst ins amerikanische Kriegsgefangenenlager in die Ludendorffkaserne gehen.

In diesem Gefangenenlager musste ich nun etliche Wochen verbringen und überlegte die ganze Zeit mit meinen Kameraden, wie ich flüchten könnte. Es hielt sich hartnäckig das Gerücht, ältere deutsche Kriegsgefangene in Frankreich würden gegen uns jüngere Männer ausgetauscht. Es gab aus der Zeit des Dritten Reichs unterirdische Versorgungsgänge zwischen der Ludendorff- und der Hindenburgkaserne, über die ein paar Deutsche fliehen konnten. Doch mein Fluchtversuch in der Nacht darauf war weniger erfolgreich und ich lernte zum ersten Mal die in meinen Augen oberflächliche Mentalität der Amerikaner richtig kennen. Am Morgen darauf mussten wir antreten und zu unserer großen Überraschung teilte man uns mit, wir erhalten alle sofort einen Entlassungsschein. Dieser kostbare Schein galt gleichzeitig in allen Zügen als Fahrschein. Ich konnte nun endlich ganz legal innerhalb der amerikanischen Zone überall hinreisen, wohin ich wollte.

Während meiner Zeit in der amerikanischen Kriegsgefangenschaft kam ich zum ersten Mal mit dem Tätigkeitsfeld des Designers in Kontakt. Die Amerikaner besaßen Ausrüstungsgegenstände, von denen wir Deutschen nicht einmal geträumt hatten. Sie waren allesamt durchdacht, gut konstruiert und dazu äußerlich oft noch attraktiv. Ein berühmtes Beispiel stellt der amerikanische Jeep dar, der aufgrund seines einfachen Bauprinzips nicht nur günstig in der Herstellung, sondern auch funktional, robust und besonders reparaturfreundlich war. Wir deutschen Kriegsgefangenen bekamen auch US-Magazine zu lesen, und so erfuhr ich quasi aus erster Hand, dass in den USA nicht nur das Militär mit solch durchdachten Produkten ausgestattet war, sondern auch die meisten Alltagsgegenstände von Spezialisten gestaltet waren. Es gab sogar jenseits des Ozeans einen eigenständigen Berufszweig, der sich mit den Fragen des guten Designs auseinandersetzte. Das hat mich beeindruckt.

Mit meinem Entlassungsschein waren nun die größten Probleme nach dem Zusammenbruch 1945 überwunden und die Ratschläge, die ich während meiner soldatischen Ausbildung erhalten hatte, sollten mir auch weiterhin stets gute Dienste leisten. Das Kriegsende habe ich als regelrechte Befreiung erlebt. Der erhebliche Druck, der durch die Gewaltherrschaft der Nationalsozialisten und den furchtbaren Krieg entstanden ist, fiel von mir ab und ich hatte das Gefühl, dass nun die Zeit reif war für einen längst überfälligen Neuanfang.

Abschluss meines Ingenieurstudiums in Esslingen

In meiner Naivität wollte ich nun in die Schweiz gehen, da in Westdeutschland die allgemeine Angst herrschte, in spätestens einem Jahr kommt „der Russe" ins Land. Mit meiner Fahrkarte fuhr ich im Februar 1946 zunächst ins Allgäu, wo es eiskalt war. Die Grenze zur Schweiz wurde von den Schweizern streng bewacht. Nach einem Gespräch mit anderen Deutschen, die es über die Schweizer Grenze geschafft hatten, aber wieder zurückgeschickt worden waren, erschien mir mein Plan aussichtslos. Ich fuhr daher mit dem Zug zurück nach Augsburg. Dabei kam mir zugute, dass das Deutsche Rote Kreuz Möglichkeiten zur kostenlosen Verpflegung und Unterkünfte für die vielen Flüchtlinge und ehemaligen Kriegsgefangenen zur Verfügung stellte. Dann wurde es März und ich fuhr von Augsburg aus mit dem Zug in Richtung Rheinland. Schon

Abschluss meines Ingenieurstudiums in Esslingen

vor Beginn dieser Reise hatte ich mir alle Städte notiert, in welchen die Möglichkeit bestand, mein Ingenieurstudium zu Ende zu bringen. Es war ein sonniger Märztag und ich hatte mir vorgenommen, dort auszusteigen, wo es schön ist. Ich war mit meinem riesigen Rucksack unterwegs, den ich in der Kriegsgefangenschaft genäht und mit allem, was ich besaß, gepackt hatte. Als der Zug in Geislingen hielt, fiel mir sofort das großzügige WMF-Fabrikgebäude auf und es lag nahe, schnell auszusteigen und mein Glück dort zu versuchen. Leider konnte ich meinen schweren Rucksack nicht so schnell aus dem Gepäckträger holen, sodass der Zug weitergefahren ist, bevor ich aussteigen konnte. Die nächste Stadt war Göppingen. Sie war jedoch nichts für mich, der Bahnhof erschien mir düster, und so bin ich sitzen geblieben. Es folgten weitere kleine Städte, und schließlich kam der Zug nach Esslingen, das mir vom Zug aus schon sehr gut gefiel. Diesmal hatte ich aus meinem Fehler gelernt und meinen Rucksack schon neben mir stehen, sodass ich schnell aussteigen konnte. In Esslingen gab es für ledige Heimatlose eine spezielle Baracke, in der ich die ersten Nächte verbrachte. An der Rot-Kreuz-Stelle am Bahnhof bekam ich auch etwas zu essen. Es hat mir dort sehr gut gefallen, es war Frühling und ich voller Hoffnung auf einen Neuanfang. Esslingen war während des Krieges vor Zerstörungen größtenteils bewahrt worden, es gab dort Industrie und – was besonders wichtig für meine weiteren Pläne war – eine Ingenieurschule. Ich versuchte daher, die wichtige Zuzugsgenehmigung zu erhalten, was mir auch gelang. Ich wohnte in einem Ein-Zimmer-Appartement bei einer netten, schwäbischen Familie. Das große Schreckgespenst zu dieser Zeit war jedoch die bevorstehende Währungsreform. Mein Vater hatte zwar gut vorgesorgt und so konnte ich über die in meinem Rucksack geretteten silbernen Fünf-Reichsmark-Stücke verfügen, aber es wusste keiner genau, was nach einer Währungsreform mit der Reichsmark geschehen würde, und ich befürchtete, aus Geldmangel kaum Chancen zu haben, mein Ingenieurstudium zu beenden.
Doch die Semester in der Ingenieurschule Esslingen waren überfüllt. Ich nahm Kontakt zu den dortigen Studenten auf und erschien auch immer wieder im Sekretariat. Schließlich wurde ich zur Aufnahmeprüfung zugelassen, die jedoch in meinem Fall nicht wie eine normale Prüfung verlaufen ist, was ich erst später erfahren habe. Acht Professoren quetschten mich als den einzigen Prüfling einen ganzen Samstagvormittag regelrecht aus und ich musste in jedem geprüften Fach am Ende bekennen: „Mehr weiß ich nicht", da ich am Ende meines Lateins war. Nach der Prüfung war ich sehr deprimiert, mein Hemd war patschnass und ich war mir sicher: „Ich bin durchgefallen". Zu meinem größten Erstaunen kam nach

zwei Tagen der Rektor zu mir und gratulierte zur bestandenen Prüfung. Ich entgegnete ihm: „Ich bin doch durchgefallen!" Er konnte mich jedoch beruhigen und erklärte mir, meine Prüfer wollten lediglich wissen, wie weit der Wissensstand in den einzelnen Fächern auf der Ingenieurschule in Eger war, und aus diesem Grunde fragten sie so lange, bis ich nicht mehr weiter wusste.

Nun hatte ich die Aufnahmeprüfung zwar bestanden, einen Platz im Semester hatte ich aber noch nicht. Darüber hinaus war ich auch der jüngste Anwärter auf einen Studienplatz. Bei Semesterbeginn im Juni 1947 erfuhr ich, dass ein Student aufgrund von Tuberkulose sein Studium abgebrochen hatte und dieser Platz nun frei war. Ich ging sofort ins Sekretariat, wo mich Frau Jung bislang immer abgewiesen hatte. Auch an diesem Tag hat sie mich mit ihrem typischen „Was wollen Sie denn schon wieder?" begrüßt. Ich antwortete ihr daraufhin, ich möchte diesen frei gewordenen Platz haben. Rektor Tafel hat mir dies zugestanden, und so war ich knapp ein Jahr an der Ingenieurschule in Esslingen, bevor ich im März 1948 kurz vor der Währungsreform mein Ingenieurexamen ablegte und bestand.

Meine ersten beruflichen Erfahrungen

Durch Aluminium Ritter zur Triennale Mailand 1957

Erste Kontakte mit der Firma Aluminium Ritter ergaben sich schon während meines Studiums an der Ingenieurschule in Esslingen. Ich stellte mich zu dieser Zeit bei verschiedenen Firmen im Esslinger Raum als Student vor, um eine Anstellung zu erhalten. Bei der Firma Ritter war ich schließlich erfolgreich und wurde eingestellt. Nach erfolgreichem Abschluss meines Studiums konnte ich – ein 22-jähriger Ingenieur mit staatlichem Abschlussexamen – dort als Entwicklungsingenieur beginnen.
Während meiner sechsjährigen Tätigkeit bei der Firma Ritter erhielt ich eine gründliche Ausbildung in der Produktentwicklung und dem technischen Betriebsablauf. Als Assistent des technischen Leiters bekam ich zudem gute Einblicke in die Kalkulation und Vertriebsorganisation von Haushaltsgeräten. Dies sollte mir bei meiner späteren selbstständigen Tätigkeit als Industriedesigner sehr nützlich sein.
Zu meinen Aufgaben als Entwicklungsingenieur gehörte auch die Neuentwicklung von Haushaltsgeräten, insbesondere die Eigenentwicklung von Kühlschrank- und Küchenmaschinenteilen aus Aluminium. Diese bot die Firma Ritter ihren Kunden, beispielsweise der Firma Bosch, als Zulieferant an.
Zugang zu dieser Tätigkeit verschaffte ich mir allerdings auf nicht ganz alltägliche Weise. Zunächst war die Firma Ritter nur für das Produzieren, nicht aber für das Entwerfen der Kühlschrankteile aus Aluminium – wie beispielsweise Kühlschrankdeckel – zuständig. Ich schaute mir den kompletten Kühlschrank, der von Bosch entworfen und vertrieben wurde, bei den Händlern vor Ort an und fand ihn formal verbesserungsfähig. Ich begann zumindest die von der Firma Ritter produzierten Aluminiumteile nach meinen Vorstellungen neu zu entwerfen. Als ich meine Entwürfe Herrn Ritter vorstellte, war auch dieser davon überzeugt. Kurzerhand

schickte er seine Vertreter zur Geschäftsleitung von Bosch, diese stellten die neuen Industrieteile im Namen der Firma Ritter vor. Man war durchaus interessiert, es stellte sich aber zunächst die Frage nach den Herstellungskosten der neuen Entwürfe. Da die neuen Entwürfe aber nicht mehr Kosten verursachten als die ursprünglichen – darauf hatte ich selbstverständlich geachtet – konnte auch diese Hürde leicht genommen werden. Ohne zu wissen, von wem die neuen Entwürfe stammten, wurden diese von Bosch übernommen. Natürlich erhielt ich mit dieser nicht alltäglichen Methode nicht nur Freunde bei Ritter, aber immerhin war ich auf diese Art und Weise indirekt am Design bei Bosch beteiligt.

Grundlage dieser Methode war stets die Frage, was kann die Firma Ritter als Zulieferant besser machen. Bosch war zwar das Hauptziel meiner Bemühungen, ich wandte diese Methode aber durchaus auch bei anderen Firmen an und konnte so erste Kontakte zur Industrie knüpfen.

Herr Ritter förderte mich weiterhin sehr. So ließ er mir auch vollkommen freie Hand bei der Entwicklung eines neuen Geschirrprogramms. Und da mir auch die theoretische Ausbildung der Metalldrückerlehrlinge anvertraut war, konnte ich die Muster von meinen Lehrlingen herstellen lassen. Dennoch blieben noch einige Hürden bestehen, die Entwicklungsinge-

Kochgeschirr-Programm aus Aluminium, Aluminium Ritter, Entwurfsjahr 1953/54

nieure bei Ritter waren mir gegenüber voller Misstrauen, ich machte ihnen ihre Aufgaben streitig. Sie konnten nicht akzeptieren, dass da einfach einer daherkommt und ihre Arbeit übernimmt. Mein erstes Geschirrprogramm wurde ohne Auftrag entwickelt und ich erreichte seine Durchsetzung dadurch, dass ich bei freien Vertreterversammlungen die Muster einfach auf den Tisch stellte und so deren Interesse weckte.

Dieses Pilotprogramm wurde zunächst als Versuch vorgestellt, fand aber im Vertrieb der Firma Ritter großes Interesse und ging daraufhin in Produktion. Ein wichtiger Vorteil dieses neuen Geschirrprogramms war, es konnte teilweise rationeller hergestellt werden als die bisherigen Geräte. Schließlich hat die hohe Akzeptanz im Markt auch die größten Zweifler umgestimmt und mein Geschirrprogramm wurde von der Jury für den deutschen Pavillon der Mailänder Triennale 1957 ausgewählt. Es wurde dort als Beispiel guter deutscher Formgestaltung präsentiert.

Neue Impulse durch die Möglichkeit der Mitarbeit in der Stylingabteilung Daimler-Benz

Ich wollte mich schließlich nach meiner insgesamt sechsjährigen Tätigkeit für die Firma Ritter beruflich weiterentwickeln und suchte Kontakt zur 1953 gegründeten Hochschule für Gestaltung in Ulm. Nach ersten Gesprächen mit Hans Gugelot in Ulm, der Lehrer an der HfG Ulm und Entwerfer für die Industrie war, bot er mir die Stelle eines Assistenten an. Da ich zu dieser Zeit aber bereits eine Familie besaß und eben ein kleines Reihenhaus gebaut hatte, genügte mir das Gehalt, das ich an der HfG Ulm erhalten hätte, nicht.

Ich sah mich nach weiteren Möglichkeiten um. Aus Zeitungsberichten erfuhr ich von der eigenen Stylingabteilung für die Karosserieentwicklung bei Daimler-Benz in Sindelfingen. Dieses Thema interessierte mich brennend und ich bewarb mich dort. Wie ich später erfuhr, gab es zahlreiche Bewerber für diese Stelle. Ich setzte Herrn Ritter bereits vor meiner Bewerbung von meinen Absichten in Kenntnis und er war bereit, mir eine Referenz zu erteilen, allerdings unter der Bedingung, ich sollte weiterhin für seine Firma freiberuflich neue Produkte entwickeln. Meine Bewerbung hatte Erfolg und ich wurde angestellter Mitarbeiter bei der Stylingabteilung von Daimler-Benz in Sindelfingen. Diese Stylingabteilung war damals in ganz Deutschland eine der wenigen auf diesem Gebiet. Sie erstellte auch die Prototypen der Karosserien. Hier arbeitete eine große Anzahl von Fachleuten der verschiedensten Disziplinen, ich erhielt einen guten Einblick in die Arbeitsweise einer Fahrzeugdesignentwicklung, und das eröffnete mir ein interessantes neues Berufsfeld. Nahezu alle Mitarbeiter, die als Entwerfer tätig waren, kamen aus dem Bereich der Karosserie-Ingenieur-Konstruktion sowie des Modellbaus und arbeiteten seit Jahren für Daimler-Benz. Spezielle Designer für Automobile gab es zu dieser Zeit in Deutschland nur wenige, auch waren noch keine entsprechenden Ausbildungsstätten vorhanden.

Die Entwickler fertigten zunächst relativ schnell Skizzen an, die verschiedene Varianten eines neuen Fahrzeugmodells zeigten. Diese Varianten wurden von Modelleuren in kleinen Plastilinmodellen umgesetzt, bevor am Ende ein Fahrzeugmodell im Maßstab 1:1 entstand. Dieses Modell bestand bereits teilweise aus Originalteilen wie Rädern und Fensterflächen, der Rest setzte sich aus Holz oder Gips zusammen. Nach dem Lackieren war dieses Modell der späteren Karosserie täuschend ähnlich. Zur Vorstellung wurde es auf einer Drehbühne im großen Konstruktionsbüro aufgestellt und konnte dadurch aus verschiedenen Sichtwinkeln betrachtet werden. Die verantwortlichen Direktoren gaben anhand dieses Modells ihre Korrekturwünsche bekannt und die Mitarbeiter der Fahrzeugentwicklung setzten diese direkt am Modell um.

In dieser geheimnisumwitterten Abteilung arbeitete ich bei Herrn Barenyi unter der Leitung von Herrn Wilfert. Der Spitzname dieser Abteilung lautete Rot-Weiß-Rot, beide waren Österreicher.

Als ich schließlich am spektakulären 300 SL Roadster mitarbeiten durfte, schienen mir meine kühnsten Träume in Erfüllung zu gehen. Bei dieser Aufgabe sollte aus dem bestehenden Programm des Flügeltürers 300 SL unter Beibehaltung wesentlicher Teile des Flügeltürers ein Sportcabrio entwickelt werden. Die Arbeit bei Daimler-Benz gefiel mir sehr gut und auch das Gehalt war überdurchschnittlich.

Mein Designbüro

Die Gründung eines der ersten Designbüros in Deutschland

Ich war noch in der Stylingabteilung bei Daimler-Benz beschäftigt, als die von mir entwickelte Kochgeschirrserie der Firma Ritter einen herausragenden Verkaufserfolg erzielte. Allein der Wasserkessel wurde 850 000 Mal verkauft. Solche hohen Verkaufszahlen waren in dieser Branche selten. Der bedeutende Vorteil dieses Wasserkessels war die neue Form

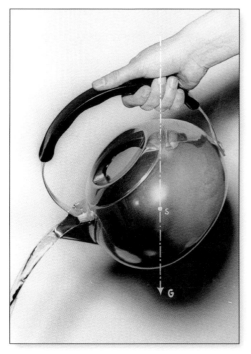

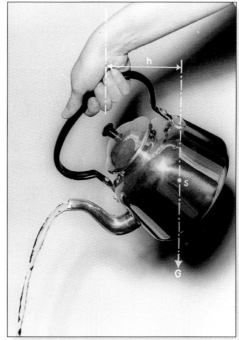

Der Wasserkessel kann durch den speziell gestalteten Griff immer in der Schwerlinie gehalten werden, Aluminium Ritter, Entwurfsjahr 1953/54

Dagegen ein älterer Wasserkessel ohne einen ergonomisch geformten Griff.

des Griffes. Dadurch konnte die Hand beim Ausgießen problemlos in der Schwerlinie gehalten werden. Dabei beachtete ich bereits bei dieser gestalterischen Arbeit lediglich die Gesetze der Ergonomie, auf die ich später noch näher eingehen werde.

Herr Ritter trat aufgrund dieses großen Erfolges an mich heran und bot mir an, das Produktprogramm seiner Firma gestalterisch zu erweitern. Ich sollte dies neben meiner Tätigkeit für Daimler-Benz tun. Trotz der mündlichen Zusage, die mir der Personalchef von Daimler-Benz bei meiner Einstellung gab, erhielt ich keine Freistellung vom Leiter der Stylingabteilung, Herrn Wilfert. Auch ein persönliches Telefongespräch zwischen Herrn Ritter und ihm verlief leider erfolglos.

Daraufhin bot mir Herr Ritter für mich überraschend einen freien Mitarbeitervertrag an, dessen monatliche Festsumme mein gutes Gehalt bei Daimler-Benz übertraf. Zusätzlich gab mir dieser Vertrag die Freiheit, auch für andere Firmen außerhalb des Produktprogramms der Firma Ritter zu arbeiten. Nach kurzer Überlegungszeit sagte ich zu. Positiv hat mich bei meiner Entscheidung beeinflusst, dass Ritter mich schon zu dieser Zeit in Prospekten als Entwerfer genannt hatte, und ich erhielt auch schon die ersten Anfragen aus der Industrie. Auch die Beratungsstelle für Gestaltung beim Landesgewerbeamt Stuttgart gab mir positive Signale für diese Tätigkeit, obwohl es noch kein genaues Berufsbild gab.

Mit zwiespältigen Gefühlen gab ich meine Tätigkeit bei Daimler-Benz auf und wagte den Sprung in die Selbstständigkeit. Am 1. März 1956 gründete ich eines der ersten Designbüros in der Bundesrepublik Deutschland, mein Gestaltungsbüro in Esslingen. Die ersten sechs Jahre war ich als Einzelkämpfer für alles zuständig. Tagsüber besuchte ich alte und neue Kunden und präsentierte ihnen meine Entwürfe, nachts zeichnete und konstruierte ich.

Zunächst stellte ich meine Modelle in Gips her, wie es bei Daimler-Benz und Löffelhardt[10] üblich war. Immer häufiger beauftragte ich auch externe Modellbaufirmen, die Gipsmodelle nach meinen Zeichnungen und Anweisungen herzustellen. Nachts beschäftigte ich mich dann mit der Korrektur dieser Modelle. Unser kleines Reihenhaus war oftmals in Gipsstaub eingehüllt. Diese Gipsmodelle waren jedoch aufgrund ihrer Empfindlichkeit schlecht geeignet, sie in den Firmen vorzustellen. Ab 1962 ließ ich die Anschauungsmodelle nur noch aus Holz vom Modellschreiner Klaus Schön, meinem ersten Angestellten, herstellen. Meine eigene Modellschreinerwerkstatt wurde durch externe Aufträge an Modellschreinerfirmen entlastet, die immer umfangreicher werdende Zahl der Modelle machte dies notwendig.

Die bisherigen Gestalter beschäftigten sich vor allem mit Erzeugnissen der Porzellan- und Glasindustrie. Doch konnte man schon erkennen, Industriedesign greift auf andere Bereiche wie beispielsweise Bestecke und Arbeitsgeräte über. Allerdings stand der deutschen Haushaltsgeräteindustrie – gemessen an ihrer ausländischen Konkurrenz – für Neuentwicklungen nur begrenzt Kapital zur Verfügung und die notwendigen Investitionen mussten in einem längeren Zeitrahmen abgeschrieben werden. Es wurden solche Haushaltsgeräte in die Produktion aufgenommen, die eine lange Produktlebensdauer und daraus resultierend eine lange Produktionszeit versprachen. Kurzlebige „modische Gags" waren unerwünscht, und auch der Käufer konnte und wollte sich nicht schon nach wenigen Jahren neue Gerätschaften leisten, weil die alten nicht mehr dem sich schnell ändernden Zeitgeschmack entsprachen. So kam nicht nur der deutschen Industrie, sondern auch dem kleinen Einkommen des Normalverbrauchers ein zeitloses und damit langlebiges Design zugute, wie es schon der Deutsche Werkbund im Jahr seiner Gründung 1907 gefordert hatte. Auf dem amerikanischen Markt herrschten dagegen bereits die Anfänge der „Wegwerfgesellschaft"; das war zu dieser Zeit in der Bundesrepublik Deutschland unvorstellbar.

Allen Zweiflern zum Trotz gab mir der Erfolg mit meinem Designbüro schließlich recht. Auch wenn es zahlreichen Personen unerklärlich war, wie ich die Fahrzeuge bei Daimler-Benz gegen Kochtöpfe eintauschen konnte, bin ich heute froh, dass ich diese Chance nutzte und den Schritt in die Selbstständigkeit wagte.

Wir feiern Erfolge und vergrößern uns

Im Laufe der Jahre konnte ich immer mehr Kunden für mein Designbüro gewinnen. Nach und nach stellte ich neue Mitarbeiter ein, die direkt bei mir im Hause geschult wurden. Freie Mitarbeiter ergänzten das Team. Zwischenzeitlich kaufte ich eine größere Jugendstilvilla in der Mülbergerstraße in Esslingen. Dieses geräumige Haus war jahrelang neben Wohnraum auch Büro, Werkstatt und Fotolabor. Um meine im Jahr 1972 auf über ein Dutzend Mitarbeiter angewachsene Belegschaft unterzubringen, mietete ich auch Räume in der Nachbarschaft.

Im Sommer 1986 zeichnete sich schon ab, dass die Form als Einzelunternehmen nicht mehr optimal war, mein Kundenstamm war stark

Mein Team und ich bei der Designarbeit, 1971

angewachsen, ich benötigte auch mehr und mehr Zeit für meine interessanten Lehrtätigkeiten an Hochschulen. Die Firma Bosch mit ihren 14 Tochterbetrieben war einer unserer wichtigsten Kunden, daneben bestanden noch zahlreiche Verträge mit vielen anderen Kunden. Teilweise bekam ich für Neuentwicklungen einmalige Honorare, teilweise auch Lizenzen. Diese brachten viele Jahre nach der Entwicklung noch Einnahmen. Seit über zehn Jahren erhielten wir in den Jahresausstellungen des Design Center Stuttgart die meisten Auszeichnungen, insgesamt belaufen sich die nationalen und internationalen Designauszeichnungen für mein Büro auf über 900.

Ständige Anfragen, auch von neuen Kunden, machten mir zu dieser Zeit deutlich, dass die Kapazität meines Büros erreicht war. Gegen die Vergrößerung sprach jedoch zunächst, dass die Qualität der Neuentwicklungen leiden könnte, sollte ich nicht mehr den Überblick über die gesamten Arbeiten haben.

Die logische Konsequenz unseres Erfolgs: Eine GmbH entsteht[11]

1987 nahmen meine Überlegungen zur Zukunft meines Designbüros konkretere Formen an.

Das Haftungs- und finanzielle Risiko für mein Einzelunternehmen schien mir zu groß geworden zu sein. Der Aufbau des Studiengangs Investitionsgüterdesign an der Akademie der Bildenden Künste Stuttgart kostete Kraft und Zeit, die mir bei meiner eigentlichen Designarbeit fehlten. Außerdem war Slany Design bislang ein Einzelunternehmen, in dem ich persönlich für Fehler und Schäden, die während der Designarbeit durch mich oder meine Mitarbeiter entstanden, mit meinem gesamten Vermögen haftete. Dieses große Risiko konnte in der Zukunft die Gründung einer GmbH ausschließen, denn die Haftung bei Schäden ist hier auf das Stammkapital begrenzt. Der oder die Geschäftsführer gehen bei dieser Gesellschaftsform das Risiko nicht ein, mit ihrem Privatvermögen haften zu müssen.

Langfristig musste ich aber auch bei einer GmbH über die Abgabe meines Designbüros nachdenken. Hierbei wollte ich jedoch keinesfalls die zahlreichen, in über 30 Jahren entstandenen persönlichen und vertrauensvollen Verbindungen zu meinen Kunden aufs Spiel setzen, denn diese hatten einen nicht geringen Anteil am Erfolg meines Designbüros. Die richtige Übergabe war daher entscheidend für den weiteren Erfolg.

Grundsätzlich gab es für mich damals vier verschiedene Möglichkeiten, mich langfristig komplett aus meinem Designbüro zurückzuziehen. Ich hätte das gesamte Unternehmen verkaufen können, der übliche Schätzwert beläuft sich hierbei auf einen Jahresumsatz. Ebenso hätte ich nur einen Teil des Unternehmens an einen anonymen Geldgeber verkaufen können. Die dritte Möglichkeit bestand darin, in mein Unternehmen einen erfolgreichen Designkollegen aufzunehmen. Gemeinsames Problem dieser drei Vorschläge war jedoch, dass sie mit großer Sicherheit nicht im Sinne meiner langjährigen Kunden gewesen wären, denn sie hätten einen Bruch in der bisherigen Kontinuität bedeutet und keine Rücksicht auf Bewährtes genommen.

Ich entschied mich daher für die vierte Möglichkeit, eine GmbH zu gründen unter Beteiligung von bewährten Mitarbeitern. Dies bedeutete zwar die bestmögliche Übergabe im Hinblick auf meine Kunden, war jedoch für mich persönlich am risikoreichsten, denn meine beiden in Frage kommenden Mitarbeiter Reinhard Renner und Klaus Schön verfügten zu die-

sem Zeitpunkt nicht über das nötige Kapital für eine Beteiligung. Um ihnen die Möglichkeit zu geben, sich dieses fehlende Kapital im Laufe der Zeit zu erarbeiten, beschloss ich durch Vorstrecken des erforderlichen Kapitals eine schrittweise Beteiligung von Renner und Schön,
gleichzeitig würde ich mich nach und nach zurückziehen. Der komplette Übergang erfolgte also durch Staffelung von Anteilen und Übernahmen und wurde bereits im Voraus, das heißt bei Gründung der GmbH im Jahr 1987, vertraglich geregelt. Durch meinen schrittweisen Rückzug konnte ich einen Bruch in der Gestaltungsauffassung vermeiden und so meinen festen Kundenstamm weitestgehend für die GmbH erhalten.

Die Gründung der GmbH erfolgte am 1. Oktober 1987, meine Mitarbeiter Renner und Schön wurden zu jeweils 12 Prozent beteiligt und in die Geschäftsleitung übernommen. Bis Dezember 1991 hielt ich meine Beteiligung von 76 Prozent des Gesellschaftskapitals und somit auch die Entscheidung über die Geschäftspolitik. Im Jahr 1992 wurden die Anteile von Renner und Schön wie festgelegt auf je 31 Prozent erhöht. Zehn Jahre nach Beginn der schrittweisen Übergabe, im Jahr 1997, schied ich schließlich aus der GmbH aus und meine beiden Mitgesellschafter übernahmen jetzt jeweils 50 % des Stammkapitals. Ich bezeichne diese Strategie der Übergabe gerne als „aktive Vorwärtsstrategie".

Doch nicht nur die Geschäftsleitung änderte sich nach und nach, auch in anderen Bereichen wurden Neuerungen vollzogen. Das Designbüro bezog neue Räume mit einer Größe von über 600 Quadratmetern, wodurch auch der bislang extern untergebrachte Modellbau in das Designbüro integriert werden konnte. Das Unternehmen wuchs weiter an, die Zahl der Mitarbeiter stieg auf 20 Personen. Mit den Jahren wurden vermehrt Computer eingesetzt, die es uns beispielsweise ermöglichten, Prototypen digital herzustellen.

Die umfassenden Neuerungen machten sich auch in der Änderung des Firmennamens bemerkbar. Wie die Übergabe selbst erfolgte auch diese Änderung in Etappen. Mit Gründung der GmbH wurde der ursprüngliche Name „Slany Design" zu „Teams – Slany Design" ergänzt, ehe er 1997 auf „Teams Design" verkürzt wurde. Dies symbolisiert das Ausscheiden des Firmengründers ebenso wie die bewährte Arbeitsweise des Designbüros – die Teamarbeit.

Die aktive Vorwärtsstrategie hat sich bewährt, denn auch in der Zeit des Übergangs wurde das Designbüro durch Renner und Schön mit guten Ergebnissen und wirtschaftlichen Erfolgen weitergeführt.

Zum Erfolg gehört mehr als die eigene Leistung

Meine künstlerische Ausbildung bei Löffelhardt

Nach der Gründung meines Designbüros suchte ich gleichzeitig nach Kontakten zu praktisch tätigen Formgestaltern, um eine künstlerische Ausbildung zu erhalten. Eine professionelle Ausbildung zum Produktdesigner existierte in Deutschland zu dieser Zeit noch nicht. Die Staatliche Akademie der Bildenden Künste in Stuttgart besaß eine Klasse für Erzeugnisse aus Metall, insbesondere aus Silber. Ich besuchte daher den damaligen Leiter der Akademie, erkannte aber schnell, dass der Ausbildungsschwerpunkt auf die handwerklichen Fertigkeiten ausgerichtet war. Aufgrund meiner sechsjährigen Tätigkeit als Entwicklungsleiter in der Industrie lag mein Schwerpunkt jedoch auf der rationellen, industriellen Herstellung von Produkten in großen Stückzahlen. Die zwei Jahre zuvor gegründete Hochschule für Gestaltung Ulm wagte zwar erste Versuche in der Designausbildung, hatte aber zu dieser Zeit noch kein schlüssiges Konzept dafür. Auch andere Kunsthochschulen hatten keine Lehrer, die die Probleme von rationeller, industrieller Fertigung genügend verstanden.
Mir schwebte wie Wagenfeld und Löffelhardt ein neues Berufsbild vor, das im Grenzgebiet zwischen Ästhetik, Wirtschaft und rationeller Fertigungstechnik angesiedelt sein sollte. Technik und Vertrieb waren mir aus der Praxis hinreichend bekannt, da ich aber seit meiner Jugendzeit ein besonderes Interesse für Ästhetik hatte, wollte ich auf diesem Gebiet noch eine Weiterbildung bei einem praktischen Formgeber absolvieren. Ich bewarb mich daher gleichzeitig bei Wagenfeld und Löffelhardt.
Meine Wahl fiel schließlich auf Löffelhardt, da er schon in dieser Zeit viele hohe Designauszeichnungen für Porzellan, Glasgeschirre und Gebrauchsgläser erhalten hat. Außerdem hatte Wagenfeld soeben ein Gestaltungsbüro gegründet und ich befürchtete Probleme aufgrund einer

eventuell aufkommenden Konkurrenz. Ich bewarb mich also bei Löffelhardt, der jedoch zunächst zögerte, mir ein festes Gehalt zu geben, da ihm das Kostenrisiko zu hoch erschien. Wir konnten uns schließlich darauf einigen, dass ich von allen Produkten, die ich für Löffelhardt gestalten werde, die Hälfte von Löffelhardts Honorar erhalte.

Der Schwerpunkt meiner Arbeit bei Löffelhardt lag im Bereich des technischen Designs. Ich war dort als selbstständiger Industriedesigner tätig. Mein Arbeitsplatz lag in Löffelhardts Neubaumietwohnung in Stuttgart. Im Erdgeschoss befand sich ein knapp 20 Quadratmeter großer Raum mit einer Zeichenmaschine, einem Arbeitstisch mit offener Regalwand, einer Tonkiste, einer Drehscheibe und den dazu gehörenden Kleinarbeitsgeräten. Je nach Auftrags- und Terminlage nutzte ich diesen Arbeitsplatz für meine Entwicklungen für Löffelhardt.

Löffelhardt selbst arbeitete meist bei seinen Kunden in der Glas- und Porzellanindustrie vor Ort und bekam dort die Modelleure der Firmen zugewiesen, die seine Entwürfe in Gips umsetzten. Diese Gipsmodelle brachte er häufig mit nach Stuttgart, sodass ich an ihnen die Entwicklungsphasen genau verfolgen konnte.

Heinrich Löffelhardt[12]

Der deutsche Industriedesigner Heinrich Löffelhardt (1901–1979) ist insbesondere für seine Entwürfe für die Glas- und Porzellanindustrie der 1950er- und 1960er-Jahre bekannt, die vielfach Designgeschichte geschrieben haben. Zeit seines Lebens verfolgte er das traditionelle Werkbundideal „Form ohne Ornament", das sich in seinen klaren und funktionalen Entwürfen widerspiegelt, die weder einen Rückgriff auf historische Formen noch modische Extravaganzen erkennen lassen.

Nach einer Lehre in der Entwurfs- und Modellierabteilung der Silberwarenfabrik P. Bruckmann & Söhne in Heilbronn in den 1920er-Jahren studierte Löffelhardt Bildhauerei bei Professor Georg Kolbe in Berlin. Neben seiner Arbeit als freier Bildhauer in Stuttgart war er bereits seit 1928 auch als Entwerfer für die Industrie und das Kunstgewerbe tätig. 1937 wurde er durch Wilhelm Wagenfeld als Mitarbeiter bei den Vereinigten Lausitzer Glaswerken in Weißwasser angestellt. Nach der Rückkehr aus russischer Kriegsgefangenschaft, die bei Löffelhardt schwere psychische Probleme ausgelöst hatte, war es ebenfalls Wagenfeld, der seinen Kollegen in dieser schwierigen Situation wieder aufbaute und ihm 1949 eine Anstellung beim Landesgewerbeamt in Stuttgart vermittelte. Ein Jahr später übernahm Löffelhardt die Leitung des Referats für Formgebung und organisierte dort wichtige Ausstellungen, deren Werke in puncto Design auch die Entwicklungen im Ausland berücksichtigten. Dadurch wurden die deutsche Industrie und ihre Produkte wieder konkurrenzfähig.

Daneben arbeitete Heinrich Löffelhardt seit 1950 auch Entwürfe für verschiedene Unternehmen wie die Porzellanwarenfabrik Rosenthal aus. In den darauffolgenden Jahren wurde er künstlerischer Leiter der Porzellanwarenfabriken Arzberg und Schönwald sowie des Jenaer Glaswerks Schott und Gen. Mainz und dessen Tochterunternehmen Vereinigte Farbenglaswerke in Zwiesel. Mit dieser Beschäftigung endete seine Tätigkeit für das Landesgewerbeamt, fortan war Löffelhardt nur noch als Industriedesigner tätig. Zahlreiche seiner Industrieprodukte wurden bei internationalen Wettbewerben ausgezeichnet, beispielsweise erhielt er den Grand Prix der Triennale Milano im Jahr 1960. Seit 1976 war er darüber hinaus Ehrenmitglied des Verbands Deutscher Industriedesigner und seit 1978 Ehrensenator der Stuttgarter Akademie der bildenden Künste.

Durch seine Auszeichnungen im Porzellan- und Glasbereich bekam Löffelhardt bald Anfragen aus anderen Produktbereichen. Im Bereich des technischen Designs gewann er als erste Kunden Zeiss-Ikon und Standard-Lorenz. Bei Zeiss-Ikon konnte ich bei der Entwicklung der ersten Kunststoffkamera Ikonette mitwirken.

Es war jedoch meist nicht einfach, die Unternehmen davon zu überzeugen, dass das äußere Erscheinungsbild ein wichtiger Baustein des Erfolgs ist. Die Entwicklungsmitarbeiter stellten hierbei die größte Hürde dar, da bei ihnen der Schwerpunkt auf der technischen Konstruktion und Herstellung lag. Sie waren nur schwer für die Idee zu gewinnen, das Produktdesign primär auf die Zielgruppen auszulegen, da diese veränderte Ansprüche an die Ästhetik stellten. Daher konzentrierte ich mich zumeist darauf, die Unternehmensverantwortlichen von unseren Vorstellungen zu überzeugen. Hierbei kam uns das 1953 erschienene Buch „Hässlichkeit verkauft sich schlecht" von Raymond Loewy zu Hilfe, das den Werdegang seines Autors und dessen Erfolge in den USA durch das Indust-

Porzellangeschirr gestaltet von Löffelhardt unter Mitwirkung von Slany, Vorschlag für die Firma Arzberg

riedesign beschreibt. Oftmals wurde durch Hinweise auf dieses Buch die erste Kontaktaufnahme wesentlich erleichtert.
Bei den ersten Gesprächen mit einem neuen Kunden war ich fast immer zugegen und übernahm im Anschluss mit Löffelhardts Hilfe die Ausarbeitung. Löffelhardt ließ mir hierbei relativ freie Hand, da er meine Gestaltungsauffassung kannte und ich in der Verarbeitung der verschiedenen Materialien – Kunststoff, Druckguss, Feinblech – umfangreiche Erfahrungen besaß.
In den folgenden Jahren wuchsen sowohl mein als auch Löffelhardts Auftragsbestand in seinen Bereichen Glas und Porzellan überdimensional. Frau Dr. Duras, Löffelhardt und ich trafen uns öfter zum Gedankenaustausch bis zu seinem Tode. Dr. Duras war Mitarbeiterin beim Landesgewerbeamt Stuttgart in der Abteilung Formgestaltung. Sie pflegte die Kontakte zur Industrie und organisierte im Landesgewerbeamt die Jahresausstellungen und die Designsonderausstellungen. Löffelhardt bezeichnete Frau Dr. Duras gerne als „seine Prokuristin", da sie nicht nur seine gesamte private und geschäftliche Korrespondenz erledigte, sondern sich auch um seine persönlichen Belange kümmerte.

Löffelhardt begünstigte in vielfacher Hinsicht meinen weiteren geschäftlichen Erfolg. Ich erhielt bei ihm nicht nur eine gründliche Ausbildung in Ästhetik, sondern konnte gleichzeitig auch seine hervorragenden Verbindungen zur Industrie nutzen.

Die Zeitschrift „form" – Plattform für unsere Öffentlichkeitsarbeit

Ein wichtiger Begleiter bei meinen Arbeiten war die Zeitschrift „form". Sie wurde als deutsch-schweizerische Design-Fachzeitschrift 1957 von den Industriedesignern Wilhelm Wagenfeld und Jupp Ernst sowie von den Museumsleitern Curt Schweicher und Willem Sandberg gegründet. Sie berichtet sowohl über Produkt- als auch über Grafik-Design und legt den besonderen Fokus auf das Industriedesign.
Bestand ein Engpass bei der Besetzung von guten Mitarbeitern, konnte ich mich immer darauf verlassen, dass ich bei der „form" gut beraten war. Meine Sonderveröffentlichungen erschienen zum großen Teil über diese Fachzeitschrift.

Die op-art-Galerie in Esslingen und ihr Gründer Hans Mayer

Im Jahr 1965 gründete Hans Mayer in Esslingen die op-art-Galerie. Die hierzu benötigten Räume stellte ich ihm zur Verfügung. Seine Galerie war in Deutschland binnen kurzer Zeit sehr erfolgreich, da Hans Mayers Schwerpunkt besonders auf den Bauhaus-Künstlern der Vorkriegszeit lag. Er widmete unter anderem dem bekannten Maler Josef Albers, einem der bedeutenden Bauhaus-Künstler, eine Ausstellung und besaß besonders gute Beziehungen zu Max Bill in Zürich.
Die Verbindung zu ihm war auch für mich sehr fruchtbar. Der Kontakt zu den freien Künstlern wurde enger, die Ausstellungen und besonders die zahlreichen Gespräche und Diskussionen förderten meine Kreativität und brachten meine Designarbeit weiter voran.
1969 hat die „Galerie Hans Mayer" ihren Standort über Krefeld nach

Düsseldorf verlegt und konnte auch in den folgenden Jahrzehnten ihren Erfolg weiter ausbauen.

Das Landesgewerbeamt Stuttgart und das Haus Industrieform Essen

Das Landesgewerbeamt Stuttgart, in dem 1962 das Design Center eröffnet wurde, war für mich und meine Arbeit sehr wichtig. Zu den bedeutendsten Persönlichkeiten, die aus dem LGA kamen, gehören Wilhelm Wagenfeld, der später Löffelhardt an dieses Institut holte, und Dr. Duras. Aus meiner langjährigen Zusammenarbeit mit Josef Auer vom Design Center sind zahlreiche Ausstellungen entstanden. Das LGA veranstaltete jedoch nicht nur die Jahresausstellungen in Stuttgart, auch zahlreiche internationale Ausstellungen, wie die deutsche Designausstellung in Moskau 1986, gingen von ihm aus.
2004 wurde das Landesgewerbeamt aufgelöst, das Design Center Stuttgart verblieb jedoch im Haus der Wirtschaft und befindet sich noch immer dort.
Eine vergleichbare Institution mit wichtigen Ausstellungen, allerdings nicht in Baden-Württemberg, sondern in Nordrhein-Westfalen gelegen, stellt das Haus Industrieform Essen dar. Die Ausstellungen dieser beiden Institutionen wurden auch von zahlreichen Firmen mit großem Interesse wahrgenommen und stellten nicht selten Kontakte mit potenziellen neuen Kunden her.
Den Gründer des Hauses Industrieform Essen, Dr. Mahlberg, lernte ich erstmals auf einer Haushaltsmesse in Köln kennen. Einer meiner Kunden, die Firma Siegwerk, hatte dort einen Messestand, der mit der typischen Messekabine ausgestattet war. Vom Inneren der Kabine aus konnten die Standbetreiber ohne gesehen zu werden hören, was an ihrem Messestand gesprochen wurde. Am Messestand entschuldigte ich mich bei einem Mitarbeiter von Siegwerk wegen eines nicht eingehaltenen Termins. Der Siegwerkvertreter und ich diskutierten heftig, bis Dr. Mahlberg aus der Messekabine herauskam. Er nahm mich zur Seite und sagte dann: „Sie müssen sich eines merken, im Orient haben sie eine gute Strategie bei solchen Problemen. Wenn ein Loch im Teppich ist, dann entschuldigt man sich nicht für das Loch, sondern stellt sich auf das Loch."
Nach diesem ersten Treffen lud mich Dr. Mahlberg in das eben von ihm

gegründete Institut nach Essen ein. Er war mit einem ehemaligen Direktor der Firma Krupp befreundet, der ihm dabei half, das Institut zunächst im leerstehenden ehemaligen Gesindehaus der Villa Hügel unterzubringen. Die Villa Hügel bestand damals aus einem Hauptgebäude, in dem zahlreiche große Gemälde der Familie Krupp hingen, und aus dem Gesindehaus für das Personal. Der Verbindungsbau beider Gebäude diente Alfred Krupp senior als Büro. Bei meinem ersten Besuch im Haus Industrieform zeigte mir Dr. Mahlberg voller Stolz die verschiedenen Räume der Villa Hügel, wobei mich die Gemäldegalerien besonders faszinierten. Am meisten beeindruckt hat mich jedoch der Mittelbau mit dem ehemaligen Büro von Alfred Krupp. Hier gab es unter seinem Schreibtisch ein Versteck im Parkettboden, das verschließbar war. In diesem Versteck befand sich noch die originale Geldkassette von Krupp, die seine Tageskasse war.

Es war interessant zu sehen, dass selbst nach dem Zusammenbruch 1945 die ehemaligen Mitarbeiter und Mitarbeiterinnen treu zur Firma Krupp hielten. Alfried Krupp und seine Führungsriege wurden unter anderem wegen Waffenlieferungen während des Zweiten Weltkriegs in den Nürnberger Kriegsverbrecherprozessen zu Haftstrafen verurteilt und er konnte daher einen Teil der Villa Hügel an das Institut vermieten. Als es der Firma jedoch wieder besser ging, benötigte sie die gesamten Räume der Villa Hügel und das Haus Industrieform musste sich neue Räumlichkeiten suchen. Diese hat es schließlich in der ehemaligen Synagoge in Essen gefunden, die zuvor stark renoviert und umgebaut wurde.

Das Haus Industrieform Essen ermöglichte mir 1965 eine wichtige Einzelausstellung mit Katalog, in der die bedeutendsten Produkte gezeigt wurden, die ich seit Beginn meiner Selbstständigkeit gestaltet hatte.

Deutsches Design stieß sogar in Russland auf großes Interesse, obwohl zu dieser Zeit noch der Eiserne Vorhang existierte. Im Dezember 1986 wurde in Moskau die deutsche Ausstellung „Design – Schönheit und Nutzen" vom damaligen baden-württembergischen Wirtschaftsminister Martin Herzog eröffnet. Da das Kernstück meiner Ausstellung „Qualitätsfaktor Design: zum Beispiel Bosch" ebenfalls Teil dieser Ausstellung war, reiste ich auf Einladung des Wirtschaftsministers zusammen mit der deutschen Delegation aus führenden Wirtschaftsvertretern nach Moskau und nahm an den Eröffnungsveranstaltungen teil. Wir wussten natürlich schon vor Antritt der Reise, dass uns trinkfeste russische Gastgeber erwarteten und so übten wir bereits im Vorfeld, einen Teil des Wodkas unauffällig wegzukippen.

Ich brachte in Moskau einen Toastspruch aus, in dem ich mich für die Einladung bedankte und es mir nicht verkneifen konnte, darauf hinzuweisen, dass ich schon einmal für zwei Nächte die russische Gastfreundschaft in Anspruch nehmen durfte, nämlich während der ersten Tage meiner Kriegsgefangenschaft 1945. Nach der ersten Nacht musste mich der Gastgeber allerdings erst wieder einfangen. Für diesen Aufenthalt möchte ich mich auch noch mal bedanken. Unter den russischen Gastgebern brach ein riesiges Gelächter aus, alle waren bereits leicht angetrunken. Die Ausstellung war indessen ein voller Erfolg und zählte über 100 000 Besucher. Unter ihnen befanden sich rund 20 000 Designexperten aus der gesamten Sowjetunion, die sich besonders für die dort gezeigten Werkzeuge, Investitionsgüter und Schienenverkehrssysteme interessierten. Unter den 600 Exponaten waren jedoch auch zahlreiche Stücke aus den Bereichen Haushaltsgeräte, Möbel und Pkw, sodass auf 850 Quadratmetern vieles gezeigt wurde, was das westdeutsche Design zu bieten hatte.

Die Ausstellung des Design Centers Stuttgart in Moskau war nicht das erste Ergebnis der deutsch-sowjetischen Kooperation. Bereits 1976 wurde im Design Center Stuttgart die Ausstellung „Der sowjetische Designer" gezeigt.

Zur weiteren Vertiefung der Zusammenarbeit kam Yuri Solviev, der Präsident des sowjetischen Allunionsinstitutes für technische Ästhetik, im Februar 1987 für zehn Tage nach Baden-Württemberg. Unter anderem wurden die Möglichkeiten eines Design-Studenten-Austauschs besprochen und eine sowjetische Design-Ausstellung für Juli/August 1987 im Design Center Stuttgart geplant. Neben vielen Fachgesprächen standen für Yuri Soloviev auch Informationsbesuche bei führenden Herstellern, in Hochschulen und in meinem Designbüro auf dem Programm. Wenige Wochen nach der Ausstellungseröffnung in Moskau konnte ich daher Herrn Soloviev in meinem Büro begrüßen, wo die zukünftige Zusammenarbeit von deutschen Designern und der UdSSR diskutiert wurde. Grundsätzlich hing das Ergebnis dieser Gespräche und Diskussionen stark von der politischen Einstellung der Anwesenden ab. Die Nachwirkungen dieser Treffen waren daher nur schwach.

Das vorerst einzige Ergebnis des Deutschlandbesuchs war im Oktober 1987 im Design Center Stuttgart zu sehen. An der Eröffnung der Ausstellung „Design aus der UdSSR – Tradition und Gegenwart" nahm ich ebenfalls teil.[13]

1995 stattete sogar eine chinesische Delegation aus Peking der Slany Design GmbH einen Besuch ab. Das Treffen wurde vom baden-württembergischen Wirtschaftsministerium ermöglicht, das mit dieser Maßnahme den Export nach China fördern wollte. Ich lernte unter anderem den stellvertretenden Bürgermeister Pekings und verschiedene chinesische Designer kennen.

Herbert Hirche – ein Förderer des VDID

Herbert Hirche hatte am Bauhaus studiert und verkörperte den Bauhaus-Gedanken während seiner gesamten Designtätigkeit. Er war nicht nur Professor an der Akademie der Bildenden Künste in Stuttgart, sondern auch damals als Entwerfer für moderne Möbel bekannt. Bei der Gründung des VDID war Herbert Hirche uns sieben jungen und noch weitgehend unbekannten Designern eine große Hilfe, denn unsere Ideen und Ziele hatten seine volle Unterstützung. Wir hatten 1959 mit starkem Gegenwind zu kämpfen und tatsächlich gab sein Zuspruch den entscheidenden Ausschlag. Auch in den folgenden Jahren begleitete die kritische Meinung Herbert Hirches die Tätigkeiten des VDID.

Meine Design-Auffassung

Die Verbindung von einem auf technisches und funktionales Verständnis ausgelegten Ingenieurstudium und der künstlerischen Ausbildung, die ein ansprechendes Äußeres in den Vordergrund stellt, führte bei mir zu einer ganz eigenen Design-Philosophie, die in alle meine Produktgestaltungen einfloss. Auch die zahlreichen, im Laufe meiner langjährigen Design-Tätigkeit gesammelten Erfahrungen in den verschiedensten Produktbereichen, beispielsweise meine Zusammenarbeit mit Löffelhardt, beeinflussten mein Design-Verständnis und führten zu einer fortlaufenden Weiterentwicklung meiner Kreativität.

Die Erkenntnis, dass die Gestaltung ein wichtiger Qualitätsfaktor ist, vollzog sich im Konsumgüterbereich schneller als im Investitionsgüterbereich.[14] Schon Ende der 1920er-Jahre zogen besonders Glas- und Porzellanhersteller Entwerfer für ihre Kollektionen heran. Bei technischen Geräten für den Haushalt, beispielsweise Staubsaugern, Küchenmaschinen oder ähnlichen Arbeitshilfen, war dies nicht üblich. Im Gegensatz dazu erkannten die Amerikaner jedoch bereits in den 1930er-Jahren, dass nicht nur Autos, sondern auch Kühlschränke wesentlich leichter verkauft werden, wenn sie auch den ästhetischen Ansprüchen genügten.

In Deutschland dagegen sahen viele noch bis in die 1980er-Jahre im Industriedesign vor allem unnötiges „Make-up", das der Funktion des Produktes eher schadet als nützt. Industriedesign ist jedoch immer ein übergreifendes Grenzgebiet aus Wirtschaft, Technik, Kultur und Kunst. Während beispielsweise bei der Produktgruppe der Tischgeräte aus Glas und Porzellan der Schwerpunkt mehr in Richtung Kunst liegt, tendiert er bei Investitionsgütern mehr in Richtung Technik. Bei der Arbeitsplatzgestaltung kommt über die Ergonomie noch die Arbeitsmedizin hinzu.

Dass gutes Industriedesign nicht nur Ästhetik ist, sondern eine Reihe wichtiger Forderungen beinhaltet, ist besonders an den Beurteilungskriterien zu erkennen, die bei Designausstellungen den Juroren als Arbeitsunterlage dienen. Diese Kriterien lauten beispielsweise: „Gutes Produktdesign darf nicht modisch und damit kurzlebig sein. Die Form entspricht dem Verwendungszweck und erfüllt die ergonomischen Forderungen. Das äußere Erscheinungsbild des Produktes hat einen klaren Aufbau und entspricht den ästhetischen Anforderungen unserer Zeit. Es hat so viel Originalität, dass es sich von seinen vergleichbaren Wettbewerbsgeräten gut erkennbar unterscheidet, und ist aus einem, seinem Zweck entsprechenden, Werkstoff materialgerecht hergestellt; eine wirtschaftliche Herstellung wird nicht erschwert."

In der Beurteilung des von mir gestalteten Bohrhammers Dübelblitz II 205 der Firma Bosch durch die Jury des Bundespreises Gute Form von 1975 heißt es:

„Robuste Schlagbohrmaschine für gewerbliche Zwecke. Vorbildlich ist für diese Leistungsklasse der klare, strukturelle Aufbau und die konsequente, der Robustheit entsprechende Gestaltung aller Teile. Darüber hinaus ist hervorzuheben: Die Übersichtlichkeit, die durch die farbliche Differenzierung der beweglichen Teile erreicht wird, die kompakte Gehäusebauweise, die Anpassungsfähigkeit des Haltegriffs, die Sicherheitskupplung, um zu verhindern, dass bei einem Festgehen des Bohrers die vom Drehmoment ausgehende Kraft auf die haltende Hand überschlägt."

Gutes Produktdesign beinhaltet also folgende Dinge:
- ein ansprechendes Äußeres, denn wir umgeben uns gerne mit schönen Dingen
- Zeitlosigkeit im Aussehen, damit die Produkte lange Zeit verwendet werden können, ohne veraltet zu wirken
- die Funktion soll ebenso wie die besondere Qualität des Produktes sichtbar sein
- das Produkt muss zur Corporate Identity des Unternehmens passen, die Verbindung zum Unternehmen und zu seinen anderen Produkten muss sichtbar sein
- ergonomische Gestaltung und gute, gefahrenfreie Bedienbarkeit
- rationelle und wirtschaftliche Fertigung, denn ansonsten ist das Produkt schon in der Fertigung zu teuer und kommt auf dem Markt nicht an
- die Ansprüche und Forderungen der jeweiligen Zielgruppe, die das Produkt später benutzt, müssen immer beachtet werden

Weil Design als Marketingfaktor vor allem in den späten 1980er-Jahren eine schnell wachsende Bedeutung erhielt, ist besonders der Einfluss des Bereiches Wirtschaftlichkeit gestiegen. Interdisziplinäre Zusammenarbeit zwischen Design, Marketing und Technik ist Voraussetzung für marktgerechte Produkte und damit auch die Basis für eine erfolgreiche Unternehmenspolitik. Designentwürfe von komplexeren Produkten sind heute durchweg die Teamarbeit verschiedener Disziplinen. Auch in den Designbüros fließen die Erfahrungen aus früheren Designentwicklungen und Formempfindungen mehrerer Designer in die Entwürfe ein. Professionelle Arbeitsmethoden haben den Einzeldesigner aus meiner Anfangszeit längst verdrängt. Der Industriedesigner heute arbeitet systematisch. Er analysiert, vergleicht, prüft und gestaltet erst dann. Sein Entwurf muss sofort bei einer größeren Gruppe von Verbrauchern ankommen.

Ein kreatives, lebendiges Designteam bringt die besten Voraussetzungen für innovative Anregungen, die in den bereichsübergreifenden Entscheidungsprozess einfließen. Eine professionelle interdisziplinäre Zusammenarbeit ist also für den Erfolg heute eine der wichtigsten Voraussetzungen. Besonders in der kreativen Designphase müssen bei der Präsentation durch den Designer alle Verantwortlichen von Geschäftsleitung, Marketing und Entwicklung die Zwischenentscheidungen mittragen, bevor die nächsten Schritte im Entwicklungsprozess getan werden. Änderungswünsche in der Findungsphase können mit relativ geringem Aufwand durchgeführt werden, Änderungswünsche in der Planungs- und Realisierungsphase kosten ein Vielfaches und sind zeitraubend. Vor der Freigabe für die Produktionsunterlagen unterstützt das Ergebnis eines Akzeptanztests die Entscheidung der Geschäftsleitung.

Schon im Jahr 1989 war bekannt, dass die Bundesrepublik Deutschland zu einem der teuersten Unternehmensstandorte der Welt geworden war. Einfache Massengüter wurden und werden von der ausländischen Konkurrenz qualitativ fast gleichwertig, jedoch billiger angeboten. Die Industrie in den hochentwickelten Industrienationen ist zur Entwicklung immer komplexerer Produkte gezwungen, besonders wenn sie sich weltweit durchsetzen müssen. Heute fließen nicht nur technische Innovationen in Neuentwicklungen ein, auch das Design wird als entscheidender Faktor für die Akzeptanz im Markt eingesetzt. Von hochwertigen Geräten und Maschinen im Investitionsgüterbereich erwartet man einen optimalen Gebrauchernutzen – erreicht durch gründliche Ergonomieuntersuchungen – genauso wie eine hohe Anmutungsqualität, also den subjektiv gefühlsmäßig positiven Eindruck von Zuverlässigkeit und intelligenter Technik. Der Designer soll in seinem Entwurf technischen Fortschritt und Qualität sichtbar machen und das Produkt in seiner Anmutung unverwechselbar erleben lassen. Das Design des Produktsortiments ist ein wesentlicher Block der Corporate Identity eines Unternehmens. Auch immer mehr Unternehmer der Investitionsgüterindustrie ergänzen ihr Entwicklungsteam durch einen Designer. Es ist erwiesen, dass technisch gute Produkte mit einem schlechten Design geringere Marktchancen haben. Gleichzeitig muss sich der Designer besonders im Bereich der Investitionsgüter um zeitlose Produkte bemühen, da jede Modellumstellung eine große Kapitalbindung fordert und viel Unruhe in den Fertigungsablauf bringt. Investitionsgüter sollten durch ein gutes, nicht kurzlebig modisches Design gekennzeichnet sein.

Der im Kapitel über meine Lehrtätigkeit gezeigte lineare Designprozess für Investitionsgüter beschreibt die Realisierungs- und Vermarktungsphase nicht so detailliert wie die Findungsphase, weil die Letztgenannte für die Designentwicklung eine größere Bedeutung hat. Es sind nur zwei Entwurfsphasen eingezeichnet, je nach Schwierigkeitsgrad des zu entwickelnden Produktes können es wesentlich mehr sein (Schleifen). Eine der wichtigsten Arbeiten ist die Analyse des Istzustandes des Marktes, denn eine höhere Produktakzeptanz beim Verbraucher gegenüber Wettbewerbern setzt umfangreiche Marktuntersuchungen am Beginn jeder Neuentwicklung voraus. Dieser lineare Designprozess für Investitionsgüter hat sich in der Praxis gut bewährt. Erstaunlich kurze Entwicklungszeiten waren die Ergebnisse. Die Industrie erkennt immer mehr die Bedeutung des Investitionsgüterdesigns; einmal die Hersteller von Maschinen und Einrichtungen als Qualitätsfaktor im internationalen Wettbewerb, aber auch – das betrifft alle Fertigungsbetriebe – um in der eigenen Fabrik den berechtigten Wünschen der Arbeiter nach humanen und erlebnisreichen Arbeitsplätzen entgegenzukommen.

Gutes Design von Investitionsgütern schließt neben dem ästhetischen Faktor bedienergerechte Gestaltung und arbeitsmedizinische Komponenten mit ein, der Gebrauchswert wird durch Erleichterung von Handhabung und Wartung erhöht. Aber auch eine wirtschaftliche Herstellung und materialgerechte Ausführung sind Faktoren eines vorbildlichen Designs.

Das Erscheinungsbild eines Produktes soll die Individualität des Herstellers und des anvisierten Marktes erkennen lassen und nicht anonym wirken. Design soll den technischen Fortschritt und die Qualität sichtbar werden lassen und die Wertvorstellung zum Beispiel einer Maschine erhöhen.

Normalerweise hat ein gut gestaltetes Investitionsgut keine oder höchstens geringfügige Fertigungsmehrkosten, geht man von einem vergleichbaren, nicht gut gestalteten Produkt aus. Die Mehrkosten sind vorwiegend auf verbesserte Ergonomie, zum Beispiel aufwendigere Bedienelemente, bessere und umfangreichere Informationen auf der Maschine oder Ähnliches zurückzuführen. Sie sind aber im Verhältnis zum Gesamtwert unbedeutend. Dafür bieten sie dem Gebraucher mehr Zusatznutzen und damit dem Hersteller bessere Verkaufschancen.

Wird der Designer bereits zu Beginn einer Entwicklung mit eingeschaltet, ist auch die Zeit für die reine Konstruktionsarbeit nicht umfangreicher. Die Zeichnungen müssen wegen des Designs nicht geändert beziehungsweise neu erstellt werden. Der zeitliche Aufwand für den Designer – entsprechend abhängig das Honorar – ist sicher nicht höher, als wenn ein auf diesem Gebiet unerfahrener, betriebseigener Konstrukteur sich um diese Probleme bemüht.

Ergonomie – Das Werkzeug richtet sich nach dem Menschen und nicht umgekehrt

Bei zahlreichen Produktgruppen sowohl im Konsum- als auch im Investitionsgüterbereich ist die bereits mehrfach genannte Ergonomie einer der wichtigsten Faktoren eines guten Designs. Wagenfeld nannte es „das Greifen".

Wie bereits deutlich wurde, ist Design sehr viel mehr als eine „ästhetische Zutat" bei der Produktentwicklung oder gar lediglich eine verkaufsfördernde Produktdekoration. Die gute Form darf sich nicht nur an ästhetischen Gesichtspunkten orientieren, sondern muss in erster Linie dem Verwendungszweck des Produkts entsprechen und auf die ergonomischen Forderungen eingehen. Gerade bei Werkzeugen haben die ergonomischen Gesichtspunkte absoluten Vorrang vor den anderen Bestandteilen eines gelungenen Designs, wie beispielsweise den ästhetischen Anforderungen der Zeit, Originalität gegenüber Konkurrenzprodukten oder der wirtschaftlichen Herstellung.

Der Begriff Ergonomie entstand erst im Jahr 1950 bei einem wissenschaftlichen Kongress zum Thema „Mensch – Maschine – Umgebung – Arbeitsaufgabe" in Cambridge in Großbritannien. Dieser Kongress widmete sich insbesondere den Anforderungen an den menschlichen Arbeitsplatz und die negativen Folgen eines nichtidealen Arbeitsplatzes in Form von Berufskrankheiten.

Der Begriff Ergonomie setzt sich aus den beiden altgriechischen Worten „ergon" (Werk, Arbeit) und „nomos" (Gesetz, Lehre, Wissenschaft) zusammen. Heute wird Ergonomie als „Wissenschaft von den Leistungsmöglichkeiten und -grenzen des arbeitenden Menschen sowie der besten wechselseitigen Anpassung zwischen dem Menschen und seinen Arbeitsbedingungen" definiert.[15]

Das allgemeine Ziel der Ergonomie ist ein leichtes, sicheres und ermüdungsfreies Arbeiten durch Optimierung der Arbeitsbedingungen. Auf ein einzelnes Produkt bezogen bedeutet dies auch, dass Millionen verschiedenster Menschen gleich gut mit einem in Serie produzierten Werkzeug oder einer Maschine umgehen können müssen, egal ob sie groß oder klein, kräftig oder zart, männlich oder weiblich sind. Diese kurze Aufzählung macht bereits deutlich, mit welchen Problemen der Designer bei der Beachtung ergonomischer Forderungen konfrontiert wird. Doch seine Mühen werden belohnt, denn eine ergonomische Form trägt wesentlich dazu bei, Haltungsschäden oder Überlastungen der Muskulatur bei der Arbeit zu vermeiden. Diese entstehen zumeist durch lange einseitige Belastung bestimmter Körperpartien und durch mangelnde Bewegung. Schreiben beispielsweise Arbeitsstühle eine starre Haltung vor, kommt es also zum sogenannten „statischen Sitzen", können Haltungsschäden oder eine Überlastung der Rückenmuskulatur die Folge sein. Eine wichtige Forderung an die Gestaltung von Arbeitsstühlen ist daher, dass sie die Muskeln durch verschiedene Sitzpositionen in Bewegung halten müssen. Ein wichtiges Merkmal aller ergonomischen Produkte besteht darin, dass sie verschiedene Haltungen – seien es Sitzhaltungen oder Griffhaltungen – zulassen und dadurch das richtige Zusammenspiel von dynamischer und statischer Muskelarbeit ermöglichen. Das Werkzeug oder die Maschine muss sich dem Menschen anpassen und nicht umgekehrt.

Auch die psychologische Wirkung von ergonomisch geformten Gegenständen darf nicht außer Acht gelassen werden. Abgerundete Formen und glatte Oberflächen sprechen uns am meisten an und erleichtern dadurch das Arbeiten. Dies wird schon beim Werkzeugkauf deutlich. Kaum ein Hand- oder Heimwerker nimmt hierbei das Werkzeug nicht prüfend in die Hand, um zu sehen, ob es sich angenehm anfühlt und bei der Arbeit gut in der Hand liegt.

Doch der ergonomischen Gestaltung liegen diese subjektiven Empfindungen eher weniger zugrunde. Handfeste wissenschaftliche Erkenntnisse, beispielsweise physikalische Gesetze, sowie das Einbeziehen der Arbeitspraxis stellen die unumgänglichen Grundlagen einer ergonomischen Gestaltung dar. Der Designer muss sich hierbei in den späteren Anwender seines Werkzeuges hineinversetzen, seine Bedürfnisse und Ansprüche erkennen und die typischen Arbeitsweisen untersuchen. Auch Arbeitswissenschaftler, Techniker und Mediziner liefern wichtige Erkenntnisse für die Ergonomie.

Diesen kurzen Überblick möchte ich gerne am Beispiel der für Bosch gestalteten Elektrowerkzeuge etwas näher erläutern.

Bei Elektrowerkzeugen steht insbesondere der Griff im Vordergrund der ergonomischen Überlegungen, da dieser die Verbindung zwischen Mensch und Werkzeug herstellt. Ein angenehmes und sicheres Umgreifen ist ebenso wichtig wie die leichte Handhabung und das Vermeiden von rascher Ermüdung. Das Werkzeug soll durch eine verbesserte Gestaltung allgemein anwendungsfreundlicher werden.

Auch wenn heute die Motoren der Elektrowerkzeuge den Einsatz der menschlichen Muskelkraft größtenteils ersetzen, so muss der Mensch dennoch zu ihrer Bedienung mehr oder weniger Muskelkraft aufwenden. Das Elektrowerkzeug muss gehalten, geführt und auch angedrückt werden. Je länger diese Arbeit dauert, desto belastender ist sie für den Körper oder auch einzelne Körperpartien. Diese Belastung kann der Designer durch die richtige ergonomische Gestaltung vermindern und so eine Überlastung bestimmter Muskelgruppen verhindern, die sonst häufig zu Verspannungen führen.

Hierbei muss zwischen „statischer Haltearbeit" und „dynamischer Muskelarbeit" unterschieden werden. Die ständig gleiche Griffposition bei einem Elektrowerkzeug bedeutet eine Zwangshaltung, die zu einseitiger Belastung bestimmter Muskelpartien führt. Man spricht hierbei von „statischer Haltearbeit", die beispielsweise auch vorliegt, wenn ein Gewicht mit gestrecktem Arm eine längere Zeit hochgehalten wird. Ständige statische Haltearbeit kann sogar auf Dauer zu krankhaften Veränderungen führen. Durch die Unbeweglichkeit und ständige Anspannung fließt weniger Blut durch die Muskeln, was zu einer Unterversorgung mit Sauerstoff und dadurch zu einer rascheren Ermüdung führt. Auch entstehen bei dieser Art der Muskelarbeit zahlreiche Stoffwechselprodukte, beispielsweise Milchsäure, die weniger gut abtransportiert werden können. Dies hat zur Folge, dass die Leistungsfähigkeit absinkt und eine rasche Ermüdung einsetzt.

Frühzeitiges Ermüden kann dagegen durch dynamische Muskelarbeit vermieden werden. Sind ständig verschiedene Muskeln in Bewegung, werden sie also angespannt und auch wieder entspannt, so fördert dies die Durchblutung der Muskeln, was zu einer besseren Versorgung mit Sauerstoff führt.

Aus diesen Beobachtungen ergibt sich, dass ein ergonomisches Werkzeug verschiedene Griffpositionen ermöglichen muss, so dass die Hand in Bewegung bleibt und keine statische Haltearbeit eintritt. Um diese theoretischen Erkenntnisse auch in die Praxis der Werkzeuggestaltung umzusetzen, habe ich bereits 1959 umfangreiche Griffstudien für Elektrowerkzeuge durchgeführt. Mit diesen Studien konnte ich deutlich machen, über welche unterschiedlichen Kraftanteile die Finger beim Reibschluss verfügen, woraus man die günstigste Form des Griffs ableiten kann. Gleichzeitig habe ich untersucht, wie stark Material und Oberflächenstruktur des Griffs die Kraftübertragung von der Hand auf das Werkzeug beeinflussen. Zu meinen Studien gehörte auch die statistische Erfassung der Arbeitsanwendungen und Arbeitshaltungen bei den verschiedenen Werkzeugen. Schließlich muss ein Werkzeug, das größtenteils über Kopf benutzt wird, andere Forderungen erfüllen als ein Werkzeug, das meist waagrecht vor dem Körper gehalten wird. Meine Forschungsarbeiten wurden in der Folgezeit zu einer entscheidenden Grundlage für die Gestaltung von Elektrowerkzeugen.

Doch auch die Ergonomie kann nicht immer das Maß aller Dinge sein. Teilweise sind es gesetzliche Vorschriften, die ihren Einsatz einschränken, doch viel häufiger muss sich der Designer auch an den technischen Voraussetzungen orientieren. Die Größe oder Platzierung verschiedener Elemente, beispielsweise des Motors, können nicht immer völlig frei gewählt werden. Daher ist es besonders wichtig, von Beginn an die technischen Voraussetzungen in die Gestaltung mit einzubeziehen.

Wie bereits erwähnt, war die Handbohrmaschine das erste Elektrowerkzeug, das ich für Bosch nach den neuesten ergonomischen Erkenntnissen gestaltete. Bei der Bohrmaschine ist – wie bei den meisten anderen Elektrowerkzeugen auch – der Griff der Teil des Werkzeugs, bei dem die Erkenntnisse der Ergonomie vorrangig angewandt werden müssen. Der Bohrmaschinengriff muss unterschiedliche Griffpositionen erlauben und zu verschiedenen Handgrößen passen. Außerdem muss die Hand verschiedene Aufgaben gleichzeitig erledigen können. Sie muss die Bohrmaschine halten, sie sicher führen, andrücken und den Schalter bedienen.

Der Ausgangspunkt meiner Überlegungen war die natürliche Handhaltung beim Greifen. Bei normaler Arbeitshaltung bilden die Handinnenflächen eine leichte Schräge, die Griffform sollte also der Form der Handinnenflächen entgegenkommen. Außerdem besitzt jeder Finger eine unterschiedlich lange Kontaktfläche mit dem Griff. Daraus ergibt sich für den Bohrmaschinengriff, dass der längste ebenso wie der kürzeste Finger eine ausreichende Auflagefläche haben muss. Nur wenn die Umfangslinie des Griffs eine bestimmte Länge weder unter- noch überschreitet, können die unterschiedlichen Kräfte der Finger optimal aufgenommen werden. Schließlich bildet die von oben betrachtete geschlossene Hand eine leicht ovale Form, woraus sich auch die Form des Griffs ergibt: er muss einen elliptischen Querschnitt besitzen, dessen Längsachse parallel zur Bohrachse liegt, um einen großen Anpressdruck in die korrekte Richtung zu ermöglichen.

Werden diese Erkenntnisse, die sich aus der natürlichen Handform ableiten lassen, bei der Gestaltung des Griffs beachtet, so ist gewährleistet, dass die Hand diesen sicher halten und führen kann. Bei falsch geformten Griffen verkrampft sich die Hand dagegen gerne oder es bilden sich Druckstellen durch die ungleichmäßige Flächenpressung zum Beispiel bei im Querschnitt eckigen Griffen. Leicht gewölbte Griffflächen und fließende Übergänge bei langen und ovalen Griffen vermeiden diese Probleme zuverlässig.

Daneben gilt es, die richtige Lage des Schalters zu beachten. Der Zeigefinger muss diesen schnell und sicher bedienen können, ohne lange nach ihm zu suchen. Er sollte daher nicht nur an der richtigen Stelle sitzen, sondern auch deutlich erkennbar sein. Sind Griff und Schalter optimal verbunden, so kann während des Greifens gleichzeitig problemlos geschaltet werden.

Neben Griff, Schalter und der allgemeinen Gehäuseform gibt es jedoch noch weit mehr Faktoren, die die Ergonomie eines Elektrowerkzeuges beeinflussen. Neben der ergonomischen Form spielt auch das Gewicht des Werkzeugs eine wichtige Rolle. Dies sollte so gering wie möglich sein, was durch leichtere Materialien, kleinere Bauteile und eine kompakte Bauweise unterstützt wird. Auf diesem Teilgebiet der Ergonomie spielt daher die Technik eine große Rolle. Polyamid hat sich hierbei als das ideale Material erwiesen, denn es ist nur halb so schwer wie Leichtmetall und dennoch sehr bruchfest. Es ermöglicht außerdem eine Vollisolation des Elektrowerkzeugs, was besonders wichtig ist, wenn man beispielsweise beim Bohren auf eine elektrische Leitung stößt. Daneben ist es ein schlechter Wärmeleiter und verhindert dadurch eine Übertragung der Hitze, die durch den Motor entsteht, auf die Hand.

Neben Gewicht und Material spielt auch die Oberfläche des Elektrowerkzeugs eine wichtige Rolle für das angenehme Arbeiten. Polyamid ermöglicht hier eine Strukturierung, wodurch die Oberfläche leicht aufgeraut ist und der Hand Griffsicherheit verleiht. Da die Hand außerdem nicht auf die Oberfläche gepresst wird, kann die Luft zirkulieren und die Haut atmen.

Nicht unterschätzt werden darf die Wirkung von Farben auf das menschliche Empfinden. Ein immer wieder gern verwendetes Beispiel stellen hier die Arbeiter dar, die beim Abladen von schwarzen Kisten sehr viel schneller ermüdeten als beim Abladen von weißen Kisten, obwohl beide Kisten exakt gleich schwer waren und die Arbeiten unter den gleichen Bedingungen stattfanden. Allein die schwarze Farbe hat den Arbeitern hier ein höheres Gewicht suggeriert, das sich direkt auf deren körperliche Verfassung ausgewirkt hat.

Schwarz gilt allgemein als schwere Farbe, Weiß als leichte und so weiter. Bei der Gestaltung von Werkzeugen sollte die Wirkung der einzelnen Farben folglich nicht außer Acht gelassen werden. Bei Bosch haben sich mattes Grün und Blau für die Elektrowerkzeuge sehr gut bewährt, da diese Farbtöne das Licht nur wenig reflektieren und die Augen sich dadurch nicht immer an veränderte Lichtverhältnisse anpassen müssen. Dies beugt der Ermüdung der Augen vor und stellt daher auch einen wichtigen Sicherheitsaspekt bei der Arbeit dar.

Ergonomie stellt zu Recht einen unverzichtbaren Faktor bei der Produktgestaltung dar, und wird als solcher erstmals in den 1970er-Jahren gewürdigt. Als Thema für den Bundespreis „Gute Form" des Jahres 1975 schlägt der Rat für Formgebung „Griff und Anzeige: Hand-Werkzeuge und Meßzeuge" vor. Der Bundesminister für Wirtschaft folgt diesem Vorschlag und es werden 14 Erzeugnisse dieser Kategorie prämiert. Nur vier davon waren mit einem Elektromotor angetrieben, davon stammten drei von der Firma Bosch, Design Slany.

Corporate Identity und Corporate Design

Die Corporate Identity eines Unternehmens setzt sich aus allen Merkmalen zusammen, die ein Unternehmen kennzeichnen und durch die es sich von anderen unterscheidet.

Da die meisten Unternehmen hauptsächlich über ihre Produkte bewertet werden, ist das Corporate Design ein wichtiger Bestandteil der CI. Entsprechen die Produkte nicht dem Firmenprofil, so können sie trotz hochwertiger Qualität und guter Marketingstrategien meist keine hohen Verkaufszahlen erreichen.

Das Corporate Design hat zum Ziel, den Produkten ein „Firmengesicht" zu geben, durch welches der Wiedererkennungswert steigt, sodass Produkte als typische Erzeugnisse eines bestimmten Unternehmens erkannt werden können. Eine wichtige Rolle spielen hierbei die Produktfarben, die auf die Zielgruppe des Produkts abgestimmt sein müssen. Ebenso sind vorwiegend eingesetzte Materialien und typische Oberflächenbehandlungen ein wichtiger Bestandteil des Corporate Design. Werden Bedienelemente oder Ähnliches beschriftet, sollte die Schrift bei allen Produkten einheitlich sein; das Firmenlogo wird optimalerweise immer an der gleichen Stelle angeordnet. Auch bestimmte Ergonomiemerkmale können ein wichtiger Bestandteil des Corporate Design sein.

Doch Corporate Identity benötigt mehr als gut gestaltete und am Corporate Design orientierte Produkte. Im Laufe meiner Arbeit als Industriedesigner wurde mir daher immer stärker bewusst, dass sich ein Designer mit weitaus mehr Themen auseinandersetzen muss als lediglich der Neugestaltung eines Produktes. Bei zahlreichen meiner Kunden strebte ich daher nicht nur die formgestalterische Verbesserung ihrer Verkaufsprodukte an, es sollte stattdessen in der gesamten Firma ein frischer Wind wehen. Hierzu war es oftmals nötig, innerhalb der Firmenbelegschaft einen Teamgeist zu entwickeln, der das gesamte Betriebsklima entscheidend verbesserte. Nicht zuletzt sollten dies auch die Kunden positiv zu spüren bekommen. Einen wichtigen Faktor in der Kundenwerbung spielte die Präsentation der Firma auf den zahlreichen Messen, die das neue Erscheinungsbild und somit die Corporate Identity widerspiegeln sollte. Was heute selbstverständlich ist, war in den 1970er-Jahren noch etwas völlig Neues und meine Vorschläge wurden von der Geschäftsleitung mit Interesse aufgenommen. Der nachfolgende Bericht über einen idealen Messestand der 1970er-Jahre mag heute kurios erscheinen und Anlass zum Schmunzeln geben, doch damals erwiesen sich diese Maßnahmen als sehr wirksam und geschäftsfördernd, weil sie aus der üblichen Norm herausstachen.

> „Jeder Kunde muss bei der Firma den Eindruck gewinnen, dass er es hier mit einem Team junger, dynamischer, aufgeschlossener und zuverlässiger Fachleute zu tun hat, die auf ihrem Gebiet auch außergewöhnlich schwierige Probleme lösen können.
> Der Messestand – auch in seiner farblichen Gestaltung – ist Ausdruck der Dynamik der Firma.
> Bei leiser Hintergrundmusik, und an heißen Tagen einem kühlen Luftstrom (die Ventilatoren sind nicht sichtbar montiert), dürften auch sehr ermüdete Besucher in eine aufnahmebereite Kaufgesprächsstimmung kommen.
> Dazu werden Getränke und Speisen serviert, die auf anderen Ständen nicht üblich sind – zum Beispiel Cynar, Tequila Espuela, dazugehörig Sangrita, Fachinger Mineralwasser und ausgefallenes Salzgebäck.
> Wünscht ein Kunde zum Beispiel Cola mit Schuss oder heiße Würstchen, verweist man ihn auf den Nachbarstand, wo es bei „hausba-

ckener Bewirtung" die entsprechenden Produkte gäbe (ein Kunde mit Humor wird die Anspielung sicher verstehen).
Einheitliche Kleidung des Personals soll den Teamgeist demonstrieren. Für die Herren kämen beispielsweise dunkelblaue Anzüge in Frage, wobei Schnitt und Stoff jedoch nicht gleich sein brauchten. Oberhemden, Krawatten, dazugehörige Einstecktücher und die Farbe der Schuhe sollten wieder gleich sein.
Sehr entscheidend für das Image einer Firma ist eine an allen Messetagen gut ausgeruhte Standbesatzung.
Das morgendliche Frisieren durch einen Friseur, Höhensonne und ähnliche Mittel sind wichtig.
Wenn es möglich wäre, dass jedes Standmitglied täglich 8 Stunden Schlaf hätte und morgens ohne Hast frühstücken könnte, würde der Erfolg nach dem dritten Messetag – wenn andere Messebesatzungen bereits müde und abgespannt sind – besonders sichtbar werden.
Von vielen hundert Kunden, die ihren Stand besuchen, können zwangsläufig nur einige wenige zum Abendessen eingeladen werden. Absagen sind nicht zu vermeiden. Meines Erachtens ist es erfolgversprechender, grundsätzlich abzusagen und dafür ausgeruht die vielen Verkaufsgespräche am kommenden Tag zu führen.
Jeder sollte sich für diese Aufgabe rund um die Uhr engagieren, das heißt zum Beispiel abends spätestens um 22 Uhr zu Bett gehen.
Zur Unterstützung einer aufgelockerten Atmosphäre am Stand scheinen mir so lustige Dinge wie beispielsweise die Visitenkarten der Damen durchaus wichtig. Außerdem ist anzunehmen, dass so eine Visitenkarte ein allgemeines Messegespräch ist. Ich weiß von ähnlichen Dingen während verschiedener Messen, die ein beachtlicher Erfolg wurden.
Diese Kleinigkeiten, die außerhalb des normalen Rahmens liegen, werden dem Besucher auffallen und in Erinnerung bleiben, besonders wenn man bedenkt, dass er nach einigen Stunden oft müde und lustlos geworden ist. Er hat auf jedem Stand mehr oder weniger immer wieder dasselbe erlebt.
Die Unterbrechung dieses gewohnten Rhythmus muss das Ziel sein. Das setzt voraus, dass jedes Mitglied der Standbesatzung mit Begeisterung bis zum letzten Tag dabei ist.
Der Besucher muss mit dem Gefühl vom Stand gehen, in dieser Firma weht ein „frischer Wind". Fachkundige Mitarbeiter sind jederzeit in der Lage, ihm bei der Lösung seiner Probleme zu helfen."

Vielfalt führt zum Erfolg –
Die Kunden meines Designbüros

Beim Industriedesign wird zwischen Konsumgüterdesign und Investitionsgüterdesign unterschieden. Als Konsumgüter werden all jene Produkte bezeichnet, die direkt vom Verbraucher benutzt werden, wie beispielsweise Geschirr, Fotokameras, Teppichkehrer oder Waschmaschinen. Im Gegensatz dazu werden Investitionsgüter nicht im privaten, sondern im geschäftlichen Bereich benutzt. Investitionsgüter dienen der Herstellung und Weiterverarbeitung von Produkten, ohne dabei selbst in die zu produzierenden Güter einzugehen. Folglich handelt es sich meist um Maschinen oder andere technische Geräte.

Zu Beginn meiner Designarbeit konzentrierte ich mich ganz klassisch – wie es vorher beispielsweise die berühmten Formgestalter Wagenfeld und Löffelhardt getan hatten – auf das Gestalten von Geschirr und Tischgeräten. Doch nicht nur bei diesen Produktgruppen schien mir eine ansprechende, langlebige Form, ein hoher Gebrauchswert und eine rationelle Fertigung grundlegend für den Erfolg auf dem Markt zu sein. Im Laufe der Zeit widmete ich mich daher bei meiner Arbeit den verschiedensten Produktgruppen und betrat dabei mehr als einmal vollkommenes Neuland. Dabei empfand ich es stets als großen Vorteil, in beiden Bereichen – Konsum- und Investitionsgüterdesign – tätig zu sein, denn ich konnte Erkenntnisse aus dem einen Bereich

Aschenbecher aus Metall, Aluminium Ritter, Entwurfsjahr 1960

meist auf Güter des anderen Bereichs übertragen. Dies führte teilweise zu erstaunlichen Lösungswegen für die verschiedensten Probleme.

Der Produktbereich Konsumgüter

Ein schlechter Tausch? Auf Autos folgen Kochgeschirre

Bei der Firma Aluminium Ritter führte ich auch nach Beginn meiner Selbstständigkeit die Entwicklung der Kochgeschirre als freier Mitarbeiter weiter. 1960 entwarf ich anlässlich des Gründungsjubiläums der Firma Ritter einen Aschenbecher aus Metall, von dem viele Tausend Exemplare verschenkt wurden. Kurioserweise fand er nicht nur für seinen ursprünglichen Zweck Verwendung, sondern wurde auch als Steckblumenvase, Utensilienbehälter oder Ähnliches gebraucht. Gutes Design führt eben manchmal auch zu ungewöhnlichen Ergebnissen. Obwohl er bald vergriffen war, kamen in den folgenden Jahren immer wieder zahlreiche Anfragen. Die Firma Haug, eine meiner Vertragsfirmen, die in freundschaftlichen Beziehungen zur Firma Ritter stand, nahm den erfolgreichen Aschenbecher schließlich einige Jahre später in ihr Produktprogramm auf, natürlich sehr zur Freude der zahlreichen Käufer.

Da Herr Ritter nicht nur der Eigentümer der Aluminiumwarenfabrik, sondern auch der Inhaber des Ritter Presswerks war, lag es nahe, meine gestalterische Tätigkeit auch auf diesen Geschäftsbereich auszudehnen. Das große Presswerk war mit erheblicher staatlicher Unterstützung in Form von Krediten gegen Ende des Zweiten Weltkrieges entstanden und hatte sich auf das Produzieren von Flugzeugteilen aus Schichtpressholz spezialisiert. Dies versprach ein großer wirtschaftlicher Erfolg zu werden, da während des Krieges der Rohstoff Aluminium knapp wurde und man nach einem Ersatz bei den sogenannten heimischen Werkstoffen suchte. Geplant war, geeignete Flugzeugteile aus Schichtpressholz anstelle von Aluminium herzustellen. Man hatte mit Schichtpressholz als Ersatzrohstoff bereits bei der Ummantelung von Feldflaschen, die zuvor noch aus Filz bestand, gute Erfahrungen gemacht. Das Kriegsende im Mai 1945 kam diesen Plänen jedoch zuvor. Ritter Presswerk musste die Produktion der Flugzeugteile einstellen, ehe auch nur ein einziges ausgeliefert werden konnte. Das Ergebnis war eine moderne Fabrik voller Maschinen, nach deren Produkten jedoch keinerlei Nachfrage mehr bestand und wohl auch niemals wieder bestehen würde. Hinzu kam, dass das Werk aus Mitteln der Rüstungsindustrie entstanden war und jetzt nach dem Krieg diese hohen Kredite verzinst und zurückgezahlt werden mussten. Doch Herr Ritter wäre nicht der gewesen, für den ich ihn immer hielt, wenn er nicht auch aus dieser Not eine Tugend gemacht hätte. Es war zwar eine neue Zeit angebrochen, in der die Friedenswirtschaft die Kriegswirtschaft abgelöst hatte, doch die Anforderungen waren dieselben geblieben. Zahlreiche Rohstoffe waren immer noch knapp und die Mangelwirtschaft verlangte nach Produkten aus günstigen und leicht verfügbaren Materialien. Was lag da näher, als die heimischen Rohstoffe zu nutzen, die zwar einst für die Kriegswirtschaft vorgesehen, aber in Friedenszeiten ebenso brauchbar waren. Und so entstanden anstatt Flugzeugteilen eben Schalen und Tabletts aus Schichtpressholz. Diese neue Produktart war zwar aus der Not heraus geboren, entsprach aber ganz den Anforderungen der Zeit und wurde zu einem Erfolg. Bald wurde die Nutzung des Schichtpressholzes auch auf andere Produktgruppen ausgedehnt, beispielsweise auf Parkettfußböden.

Tabletts aus Schichtpressholz, Ritter Presswerk, Entwurfsjahr 1945/46

Meine Aufgabe bei der Firma Ritter Pressholz bestand zunächst darin, die Werkzeuge zur Herstellung der Haushaltsgegenstände zu entwickeln. Da die Firma Ritter aufgrund der Zinsforderungen durch den Staat unter großem Druck arbeitete, verlief auch meine Arbeit sehr hektisch. Trotz größter Bemühungen hat Ritter Presswerk diesen Wettlauf letztendlich verloren, denn der Umsatz zu Friedenszeiten reichte nicht aus, um die Rückzahlungsforderungen des Staates zu erfüllen und die hohen Kosten zu decken. Der Inhaber Herr Ritter war daher gezwungen, dieses moderne Produktionswerk an die Firma Junkers und Co. GmbH zu verkaufen, die bereits seit der Zeit vor dem Zweiten Weltkrieg von Bosch geführt wurde. Junkers hatte seine eigenen Produktionsstätten in Ostdeutschland durch Kriegszerstörungen und spätere Enteignung verloren. Die Firma baute daher ihr eigenes Produktprogramm, das vorwiegend aus Gasdurchlauferhitzern bestand, hier in Westdeutschland neu auf. Erst nach über 20 Jahren besuchte ich das ehemalige Ritter Presswerk erneut und bot mich der Firma Junkers als Industriedesigner an. In den folgenden Jahren war ich am Design verschiedener Produkte der Firma, darunter eines Gasanzünders und eines Thermostatreglers für Zentralheizungskörper, beteiligt.

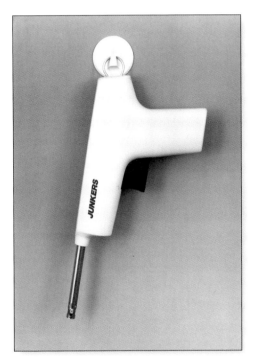

Gasanzünder, Firma Junkers und Co., Entwurfsjahr 1971

Der Hausfrau kann geholfen werden

Bereits im ersten Jahr meiner selbstständigen Tätigkeit dehnte ich meine gestalterische Arbeit auf Produkte außerhalb der Tischgeräte aus. Einen besonders originellen Abschluss fand meine Arbeit für die Firma Peter Dienes, eine alte traditionelle Kaffeemühlenfabrik in Remscheid-Bliedinghausen, die von zwei älteren Damen geleitet wurde. Beim Neuentwurf der Schoßkaffeemühle „PeDe 88" ersetzte ich das bisher senkrecht stehende Mahlwerk durch ein schräggestelltes Mahlwerk. Hierdurch kann die Mühle senkrecht im Schoß gehalten werden, und leichteres Mahlen ist möglich.

Die busenfreundliche Kaffeemühle

Bevor das Zeitalter der elektrisch betriebenen Kaffeemühlen begann, mussten vor dem Kaffeegenuss die gerösteten Kaffeebohnen noch mühsam von Hand in einer der auf dem Markt zahlreich vor-

Die „busenfreundliche Kaffeemühle" im Praxistest

handenen Handkaffeemühlen gemahlen werden. Allen diesen Modellen war das senkrecht stehende Mahlwerk gemeinsam, wodurch der Benutzer waagrechte Drehbewegungen ausführen musste. Insbesondere dem weiblichen Teil der Bevölkerung bereitete dies aufgrund ihres besonderen Körperbaus manchmal Probleme. Der wesentliche Vorzug der von mir gestalteten neuen Handkaffeemühle

PeDe 88 der Firma Peter Dienes bestand daher im schräggestellten Mahlwerk, was künftig unschöne Kollisionen der Kurbel mit dem weiblichen Körper verhindern sollte. Auf diesen Umstand wurde besonders bei der Vorstellung der PeDe 88 auf der Kölner Frühjahrsmesse eingegangen, was ihr in der Fachpresse die Bezeichnung „die busenfreundliche Kaffeemühle" einbrachte.

Dies amüsierte die Leute und sorgte auch für einen schnell wachsenden Bekanntheitsgrad der neuen Handkaffeemühle, sowie für einen Anstieg der Verkaufszahlen. Die Krönung war schließlich die Präsentation der PeDe 88 auf der Weltausstellung 1958 in Brüssel. Das Hauptaugenmerk lag auch hier auf ihrer ergonomischen Gestaltung, jedoch wurden auch ihre weiteren Vorzüge betont:

„Die Mühle ist ausgesprochen formschön und daher Küchenschmuck. Besonders praktisch sind die Seitennuten im Holzkasten, die ein leichtes und sicheres Herausziehen der Schublade gewährleisten. Die Formschönheit der Mühle wird durch den Hochglanz polierten Kirschbaumkasten und verchromten Einfülltrichter und Kurbel erhöht. Die Qualität dieser Schoßkaffeemühle ‚PeDe 88' wird bestimmt durch die Erfahrung von Generationen."[16]

Die PeDe 88 war also nicht nur hübsch anzusehen und von guter Qualität, sondern bedeutete vor allem eine erhebliche Erleichterung beim Kaffeemahlen von Hand.

„Die busenfreundliche Kaffeemühle" PeDe 88 mit schräggestelltem Mahlwerk, Firma Peter Dienes, Entwurfsjahr 1956 (links im Bild), daneben eine traditionelle Kaffeemühle

Doch bald bereitete der neue Trend der elektrischen Haushaltsgeräte der alteingesessenen Firma Dienes große Probleme. Die ersten Kaffeemühlen mit elektrischem Schlagwerk kamen auf den Markt und verdrängten aufgrund ihrer einfacheren Handhabung nach und nach die handbetriebenen Kaffeemühlen. Obwohl die Verkaufszahlen früh einbrachen, konnte sich die Firma Dienes erst zur eigenen Entwicklung einer elektrischen Kaffeemühle entschließen, als die Geschäftslage schon äußerst schwierig war.

Erst einige Jahre später erfuhr ich vom weiteren Werdegang dieser Firma, die inzwischen mehrmals verkauft worden war und ihren neuen Sitz in Düsseldorf hatte. Sie war hier einer Metallwarenfabrik angegliedert und kein Fabrikationsbetrieb mehr, sondern lediglich ein Handelsunternehmen. Dies sollte sich jedoch Anfang des Jahres 1967 grundlegend ändern, was durch den neuen Namen Peter Dienes International N.V. eingeläutet wurde. Die Kontinuität zur früheren Firma Peter Dienes zeigte sich nicht nur im Namen, sondern auch in meiner erneuten Beschäftigung als freier Mitarbeiter für die Formgestaltung. Wir knüpften an die traditionelle Produktlinie der nichtelektrischen Küchengeräte an und konnten mit Pfeffer- und Muskatmühlen, Brotschneidemaschinen und vielem mehr Erfolge aufweisen. Dennoch blieb mein größter Erfolg bei der Firma Dienes die busenfreundliche Kaffeemühle, die mir nebenbei zu einem langjährigen Vertrag mit der Firma Leifheit verhalf.

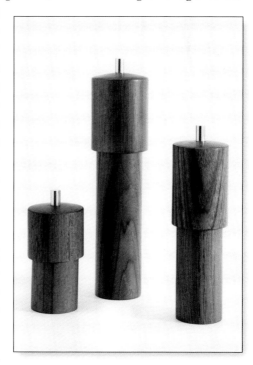

Pfeffer- und Muskatmühlen, Firma Peter Dienes International N.V., Entwurfsjahr 1967

Herr Leifheit erfuhr im Jahr 1957 durch die Berichte über dieses Produkt das erste Mal von mir und meiner Designtätigkeit. Er hatte bei Kriegsende 1945 seine spätere Frau kennengelernt, deren Familie die Inhaber der Firma Kaiser Haushaltsgeräte war. Frau Leifheit brachte genügend Kapital mit in die Ehe, sodass sich das Ehepaar in der glücklichen Lage sah, eine eigene Firma zu gründen. Die Leifheits hatten große Pläne mit einer neuen Produktlinie und wollten diese durch die Zusammenarbeit mit einem Designer auf eine sichere Basis stellen. Sie waren meine ersten Kunden – und sollten auch die einzigen bleiben – die sich meiner Mitarbeit versicherten, noch ehe sie überhaupt ein geeignetes Fabrikationsgebäude besaßen.

Günter Leifheit[17]

Der bedeutende deutsche Unternehmer Günter Leifheit (1920–2009) gründet 1959 zusammen mit seiner Frau Ingeborg Leifheit die Leifheit AG, die zu den großen deutschen Erfolgsunternehmen der Nachkriegsjahre zählt. Mit unternehmerischem Geschick und großem Engagement nutzt Günter Leifheit die Zeitumstände des deutschen Wirtschaftswunders optimal aus und wird selbst ein Teil dieser Erfolgsgeschichte. Leifheit-Produkte stehen von Beginn an für deutsche Qualitätsarbeit und finden rasch Verbreitung in den meisten deutschen Haushalten, bevor sie auf den europäischen Markt expandieren.

Als Günter Leifheit 1973 aus Altersgründen die Leifheit AG verkauft, kann er auf eine Erfolgsgeschichte zurückblicken, die nicht nur der Stadt Nassau, sondern auch zahlreichen Nassauer Bürgern zu Wohlstand verholfen hat. Gemäß seinem Motto „Es muss den Menschen dienen" unterstützt er in der Folgezeit Vereine sowie kulturelle und karitative Einrichtungen. Anfang der 1990er-Jahre erhalten Günter Leifheit und seine Frau Ingeborg die Ehrenbürgerschaft der Stadt Nassau.

Zu unserem ersten Gespräch wurde ich von Herrn Leifheit in die Bahnhofsgaststätte in Essen eingeladen. Die erste Enttäuschung darüber, dass er keinen konkreten Auftrag für mich hatte, sondern mir zunächst lediglich seine Pläne auseinandersetzte, wich bald einer großen Bewunderung für diesen zielstrebigen Mann. Er plante, den in Deutschland etablierten Handstaubsauger durch einen motorlosen Teppichkehrer zu ersetzen, der zu dieser Zeit in Deutschland nicht mehr hergestellt wurde. Im Jahr 1925 gab es bereits erste Versuche mit primitiven Teppichkehrern aus Holz, deren Produktion jedoch bald schon mangels Absatzchancen eingestellt wurde. In den USA dagegen waren die Teppichkehrer ein Renner. Durch das Blättern in US-amerikanischen Versandhauskatalogen informierten wir uns über Neuheiten und Gestaltungsmöglichkeiten dieser Produktgruppe. Heute ist es natürlich unvorstellbar, dass mit diesem geringen Informationsstand – weitere Marktuntersuchungen wurden aus Geheimhaltungs- und Kostengründen nicht durchgeführt – diese schwerwiegende Entscheidung zur Produktion der Teppichkehrer getroffen wurde.

Ein weiteres Gespräch zwischen Herrn Leifheit und mir fand in Nassau statt, wo er gerade ein kleines Fabrikgelände mit drei leer stehenden Baracken gekauft hatte. Hier lernte ich nicht nur Frau Leifheit kennen, sondern auch eine der wichtigsten Eigenschaften von Herrn Leifheit – seine genaue und meist recht kurze Terminplanung, auf deren Erfüllung er immer sehr großen Wert legte. Und so präsentierte ich bereits vier Wochen später Herrn Leifheit meine ersten Entwürfe mit den dazugehörigen Holzmodellen. Es handelte sich dabei um zwei Größen von Teppichkehrern, zu denen ich auch die Konstruktionszeichnungen erstellte.

In den Baracken wurde eine einfache Werkzeugmacherei eingerichtet, in der unter der Leitung von Herrn Liebscher, einem Landsmann von Frau Leifheit, Werkzeugmacher die Produktionswerkzeuge für diese beiden Teppichkehrermodelle herstellten. Nach rund neun Monaten lief die Produktion an. Erst dann wurde der Vertriebsapparat aufgebaut und es stellte sich heraus, dass von zehn angesprochenen selbstständigen Verkaufsvertretern acht absagten, weil sie Teppichkehrern in der Bundesrepublik Deutschland keinerlei Chancen einräumten. Das Ergebnis dieser Verhandlungen war für die Leifheits, aber auch für mich, niederschmetternd. Das Ehepaar hatte sein gesamtes Vermögen in dieses Unternehmen gesteckt und auch bereits Kredite aufnehmen müssen.

In seiner Verzweiflung hatte Herr Leifheit einem ihm persönlich bekannten Direktor eines Warenhauskonzerns sein Leid geklagt. Dieser erfahrene Vertriebsmann ließ in zwei Kaufhäusern seines Konzerns versuchsweise den Teppichkehrer anbieten. Ein Vorführer stand an der Rolltreppe des Kaufhauses und zeigte anhand von verstreuten Zigarettenkippen, wie leicht sie mit diesem Teppichkehrer vom Boden aufzunehmen sind. Bereits am ersten Tag verkaufte dieser Vorführer einhundert Geräte. Der ungeahnte Siegeszug des Teppichkehrers in der Bundesrepublik Deutschland begann.

Bald darauf rief mich Herr Leifheit voller Freude an und teilte mir mit, dass er erstmalig die gesamte Tagesproduktion – es waren 1000 Teppichkehrer – an einem einzigen Tag verkauft habe. Schon damals zeigte sich, dass Herr Leifheit ein Perfektionist im Produktionsablauf war. Die Produktion war so ausgelegt, dass die Montage der Geräte bis zum Verpacken am Fließband ablief. Am Abend war bereits die gesamte Tagesproduktion zum Versand bereit und konnte in den Kartons zur nahegelegenen Post gebracht werden. Diese rationelle Herstellung zahlte sich aus, denn bereits 1970 wurden 2 Millionen Teppichkehrer im Jahr produziert.

Der Teppichkehrer von Leifheit

„Haben Sie auch so viel Freizeit wie ich?" fragt die adrett gekleidete Hausfrau, die von einem Leifheit-Werbeprospekt für Teppichkehrer herunterlächelt und die Kundinnen zum Kauf animieren soll. Ihre Botschaft ist eindeutig: Wer einen Teppichkehrer von Leifheit besitzt, dem geht der Hausputz leicht von der Hand, alles ist im Nu wunderbar sauber und es bleibt mehr Zeit für die schönen Dinge im Leben. Die ersten beiden Modelle von Leifheit kamen 1960 auf den Markt und trugen die Namen „Star" und „Starlet". Sie besaßen bereits die für die kommenden Generationen von Teppichkehrern typischen Eigenschaften, allen voran den stromlosen Betrieb. Damit konnte die tüchtige Hausfrau sogar nachts oder sonntags die Wohnung sauber halten, denn die Teppichkehrer arbeiteten so leise, dass garantiert niemand gestört werden konnte. Sogar

Teppichkehrer „rotaro", Leifheit AG, Entwurfsjahr 1975

als ideales Geschenk für jeden Haushalt wurde der Teppichkehrer von Leifheit angepriesen, da er nicht nur praktisch, sondern auch günstig in der Anschaffung war.

Und tatsächlich waren die Teppichkehrer unter den Hausfrauen der

Der Produktbereich Konsumgüter

1960er- und 70er-Jahre besonders beliebt und durften daher in kaum einem Haushalt fehlen. Sie waren klein und handlich, nicht so voluminös wie ein normaler Staubsauger und konnten bei kleinen Verschmutzungen am Teppichboden schnell eingesetzt werden, ohne lange nach einer geeigneten Steckdose suchen zu müssen. Was will die Hausfrau mehr?

Teppichkehrer „rotaro", Leifheit AG, Entwurfsjahr 1972

Aufgrund des großen Erfolgs des Teppichkehrers entstand eine jahrzehntelange Zusammenarbeit für das Küchengeräteprogramm der Leifheit AG. Eine wichtige Rolle spielten hierbei die sogenannten Küchenhelfer,

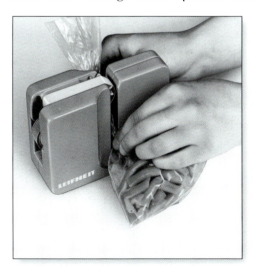

Kunststoffbeutelverschließer, Leifheit AG, Entwurf ab 1974

Reibe mit verschiedenen Einsätzen, Leifheit AG, Entwurf ab 1974

Zwiebelhacker, Leifheit AG, Entwurf ab 1974

die der Hausfrau die Arbeit in der Küche erleichterten. Hierzu zählten beispielsweise Reiben, Zitronen- und Knoblauchpressen, aber auch Dosenöffner, Kunststoffbeutelverschließer und Küchenrollenhalter. Ein großer Erfolg war der ausklappbare Wäschetrockner, der den damals noch recht kleinen Badezimmern Rechnung trug. Er wurde fest an der Badezimmerwand installiert und konnte nach Gebrauch platzsparend an der Wand zusammengeklappt werden.

Meine Arbeit für die Leifheit AG ist ein sehr schönes Beispiel dafür, wie auch aus einer unkonventionellen ersten Begegnung eine jahrzehntelange und äußerst produktive Zusammenarbeit entstehen kann. Während dieser Zeit gestaltete ich mit meinem Team jedes Leifheit-Produkt – mit einer einzigen Ausnahme. Damals hatte ich absolut keine Zeit für diese Neuentwicklung. Heute führt Teams Design die erfolgreiche Zusammenarbeit weiter.

Im Jahr 1956 begann die ebenso erfolgreiche Zusammenarbeit mit der Firma Progress Elektrogeräte. Hier musste ich allerdings selbst die Initiative ergreifen und die Geschäftsleitung davon überzeugen, dass die Zusammenarbeit mit einem Designer zahlreiche Vorteile für die Firma bietet. Ich unterbreitete zunächst Eberhard

Dosenöffner, Leifheit AG, Entwurf ab 1974

Der Produktbereich Konsumgüter

Wörwag, dem Schwiegersohn des Seniorchefs, meine Vorschläge. Anhand der bisher von Progress produzierten Haushaltsgeräte erklärte ich ihm, was ich aus welchem Grund verändern würde. Offensichtlich beeindruckten ihn meine Ausführungen, denn er forderte mich auf, dies auch seinem Schwiegervater Herrn Faber zu erläutern. Da die Gestaltung der bisherigen Geräte jedoch im Verantwortungsbereich von Herrn Faber lag, gab er mir den guten Rat, diesem nicht direkt zu erklären, dass die bisher gefertigten Staubsauger in ihrem Erscheinungsbild veraltet sind. Als Herr Faber schließlich zu uns stieß, erklärte ich ihm aus meiner Sicht die Schwächen seiner Produkte, aber selbstverständlich sehr viel weniger deutlich als zuvor. Seine erste Reaktion war: „Na sagen Sie mal, wissen Sie überhaupt, wer die bisherigen Geräte entworfen hat?" Dies konnte mich jedoch nicht weiter beunruhigen, da ich von seinem Schwiegersohn ja bereits vorgewarnt worden war. Letztendlich war es jedoch Herr Wörwag, der durchsetzte, dass ich als Designer künftig bei der Entwicklung neuer Haushaltsgeräte mit dabei sein sollte. Aus Sicht der Firmenleitung war dies ein beinahe tollkühner Schritt, denn es war damals noch sehr ungewöhnlich, einen freien Designer in der Entwicklungsabteilung zu beschäftigen.

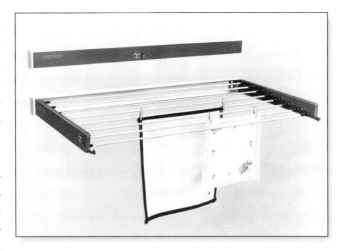

Wäschetrockner, Leifheit AG, Entwurf ab 1959

Herr Wörwag schien indessen sehr glücklich mit „seiner Entdeckung" zu sein. Besonders imponierte ihm, dass meine Gestaltungen bei Ritter für die Triennale in Mailand ausgesucht wurden. Er war sich sicher, dass mit einem Designer an der Seite eine neue Ära bei Progress anbrechen würde, in der die moderne Gestaltung einen höheren Stellenwert einnimmt. Ich hatte bei Progress eine Methode mit Erfolg angewandt, die ich später immer wieder zur Kundengewinnung nutzen sollte. Sie ergab sich aus meinem Verhältnis zu den Entwicklungsmitarbeitern und Technikern der Firmen. Diese achteten bei ihren Konstruktionen lediglich darauf, dass diese funktionierten und ihren Zweck erfüllten. Auf die Bedürfnisse und ästhetischen Wünsche der Kunden gingen sie dagegen nicht ein und vernachlässigten somit den Personenkreis, der das Produkt später nutzen und vor allem kaufen sollte. An dieser Stelle sah ich meine Aufgabe. Ich legte großen Wert auf das Erscheinungsbild des Produktes und dachte bei meinen Entwürfen primär an die Kundschaft der Firmen, also an die eigentliche Zielgruppe der Produktgestaltung. Dies stellte eine große Neuerung dar. Die Entwicklungsmitarbeiter konnten sich jedoch für meine Ideen zunächst nicht begeistern, da sie mich fälschlicherweise als unliebsame Konkurrenz betrachteten. Sie wollten in erster Linie verhindern, dass ich einen Teil ihrer Aufgaben übernahm.

Aus diesem Grund wurde ein wichtiges Motto des Slany Designbüros „Design ist Chefsache". Die erste Kontaktaufnahme mit einem neuen Kunden erfolgte künftig immer zuerst über die Geschäftsleitung. Konnte ich diese von den Vorteilen meiner Ideen überzeugen, musste ich mir keine Gedanken mehr über die negativen Reaktionen der Entwicklungsmitarbeiter machen. Diese mussten sich in jedem Fall den Anordnungen ihrer Chefs fügen. Kam es zu Differenzen in der Entwicklungsabteilung, konnte ich mich ebenfalls auf ein Machtwort der Geschäftsleitung verlassen. Doch früher oder später entspannte sich bei jeder Firma das Verhältnis zwischen den Entwicklungsmitarbeitern und mir. Spätestens wenn sich die ersten Verkaufserfolge der Produkte im neuen Erscheinungsbild einstellten, änderten die bisherigen Entwickler ihre Meinung über meine Mitarbeit und ich gewann ihr Vertrauen. Auf diese Art und Weise wurde meine Mitarbeit immer selbstverständlicher.

Das erste Gerät, das ich für die Firma Progress gestaltete, war der Einscheibenbohner. Zuvor gab es lediglich Zwei- und Dreischeibenbohner, die vorwiegend auf größeren Flächen und von professionellen Reinigungskräften eingesetzt wurden. Ihr Einsatzgebiet lag daher weniger in den Privat-

Einscheibenbohner, Progress Elektrogeräte, Entwurfsjahr 1956

haushalten, als vielmehr in Büros oder anderen Geschäftsräumen. Die wertvollen Parkettböden waren in dieser Zeit noch nicht versiegelt und mussten daher in regelmäßigen Abständen gewachst und danach gebohnert werden. Geschah dies in Handarbeit ohne entsprechende Hilfsmittel, war es eine sehr anstrengende Tätigkeit. Auf dem Gebiet der Bodenpflege waren die Zwei- und Dreischeibenbohner daher ein echter Fortschritt. Aufgrund ihrer Größe und des Anschaffungspreises galten sie jedoch für den Einsatz in Privathaushalten als eher ungeeignet. Diese Lücke sollte mein Einscheibenbohner schließen, den ich speziell für die zahlreichen Privathaushalte entwickelte. Er war bereits in der Herstellung sehr viel preisgünstiger und daher ein echter Anfangserfolg. Neben zahlreichen Kunden und vor allem Kundinnen wurde auch eine Jury der Produktförderung des Landesgewerbeamtes auf das neue Produkt aufmerksam und wählte den Einscheibenbohner von Progress für den deutschen Pavillon der Weltausstellung 1958 in Brüssel

Dreischeibenbohner, Progress Elektrogeräte, Entwurfsjahr 1958

aus. Er wurde dort als Beispiel für gutes deutsches Design präsentiert, was seinen Bekanntheitsgrad natürlich noch steigerte.

Aufgrund dieses großen Anfangserfolges bot mir Progress einen Lizenzvertrag an, mit dem die Jahrzehnte während erfolgreiche Zusammenarbeit mit dieser Firma begann. Eine Bedingung in diesem Vertrag war allerdings, dass ich auf dem Gebiet des Produktprogramms von Progress nicht für Konkurrenzfirmen arbeiten durfte. Obwohl diese Verträge dadurch eine gewisse Einschränkung für meine Arbeit bedeuteten, gaben sie mir doch vor allem Sicherheit und ein regelmäßiges festes Einkommen.

Im Laufe der Jahre lernte ich die Ingenieure der Entwicklungsabteilung bei Progress immer besser kennen. Insbesondere zu Herrn Wörwag hatte ich stets ein gutes persönliches Verhältnis. Am anschaulichsten kann dieses anhand einer kleinen Geschichte beschrieben werden. Herr Wörwag führte sein technisches Büro für Entwicklungen mit fester Hand. Er zog eine klare Grenze zwischen dem Chef – also sich selbst – und seinen Untergebenen. Herr Wörwag war neben dieser Tätigkeit auch Eigentümer eines Bauernhofs. Wenn dort die Heuernte anstand oder es sonstige Probleme gab, bei denen jeder Mann gebraucht wurde, befand sich oft sein gesamtes technisches Büro zur Arbeit auf dem Hof – selbstverständlich nicht während der Arbeitszeit. Eines Tages kam er auch auf mich zu und sagte: „Du Slany, am Samstag gehen wir zum Heuen auf den Hof, da gehst du mit!" Ich war zu Tode erschrocken, denn ich hatte jegliche landwirtschaftliche Arbeit noch nie geschätzt und half schon damals auf dem Hof meines Großvaters nicht mit. Umso schlimmer, dass ich jetzt als Industriedesigner auf einen Bauernhof gehen sollte. Obwohl ich mich mit Herrn Wörwag sehr gut verstand, musste ich ihm diese Bitte abschlagen. Meiner Beschäftigung bei Progress hat dieser Zwischenfall jedoch glücklicherweise nicht geschadet, denn ich durfte das gesamte, aus Bodenreinigungsgeräten und Küchengeräten bestehende Programm überarbeiten. Bei den Staubsaugern gelang mir die Entwicklung einer entscheidenden

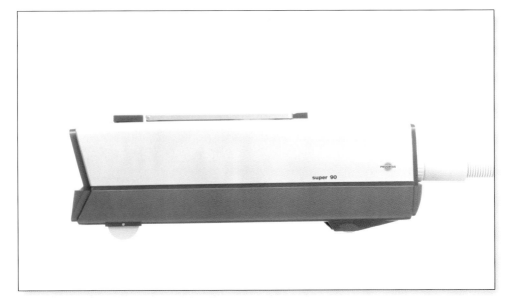

Staubsauger mit Kunststoffgehäuse „Super 90", Progress Elektrogeräte, Entwurfsjahr 1958

Der Produktbereich Konsumgüter

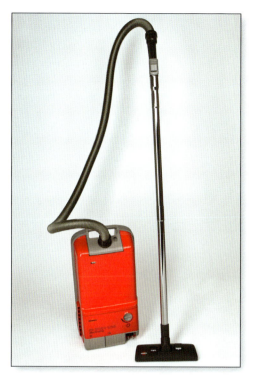

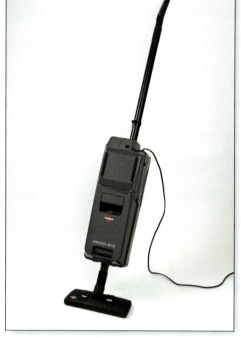

Großer Bodenstaubsauger, Progress Elektrogeräte, Entwurf 1970er Jahre

Handstaubsauger, Progress Elektrogeräte, Entwurf 1970er Jahre

Neuerung. Diese bestanden damals aus einem einteiligen Mantelgehäuse aus gepresster Pappe, das mit Kunststofffolie überzogen wurde. Die Kartonagen lieferte eine externe Firma bereits fertig geformt, die Folien wurden in der Montageabteilung von Progress aufgeklebt. Problematisch wurde dies durch die Tatsache, dass sich die externe Firma nicht am selben Ort wie Progress befand. Die voluminösen Gehäuse mussten daher einen langen Transportweg zurücklegen, was beträchtliche Kosten verursachte. Kurzerhand ersetzte ich als erste und entscheidende Neuerung das gesamte Pappgehäuse durch ein Kunststoffgehäuse. Diese Methode bot gänzlich neue Möglichkeiten. Das neue Gehäuse konnte direkt in der Produktion von Progress aus Kunststoff gespritzt werden, wodurch die langen Transportwege der voluminösen Pappgehäuse wegfielen. Die dadurch erreichte enorme Kostenersparnis spiegelte sich auch im Verkaufspreis der neuen Staubsauger wider.

Neben dem Kunststoffgehäuse stattete ich später die Bodenstaubsauger auch mit zwei relativ großen Rädern aus, die das problemlose Hinterherziehen am Schlauch ermöglichten. Dieser neu entwickelte Staubsaugertypus sollte zum Urvater aller modernen Staubsauger werden. Als ich ihn ablieferte, wurde mir bewusst, meine Stärke liegt im Bereich der Arbeitsgeräte. Die Entwicklung meines ersten Progress-Staubsaugers kann daher als ein wichtiges Schlüsselerlebnis meiner Designarbeit bezeichnet werden. Ermöglicht wurde dies auch durch den steigenden Einsatz von Kunststoffen in der Industrie, der bezeichnend für die Zeit der späten 1950er-Jahre war und auch Einfluss auf meine Arbeit als Gestalter nahm.

Eine ganz besondere Staubsaugerart stellte der sogenannte Klopfsauger von Progress dar. Er besaß vorne eine Walze, die den Teppich klopfte, und der so aufgewirbelte Staub wurde gleichzeitig aufgesaugt.

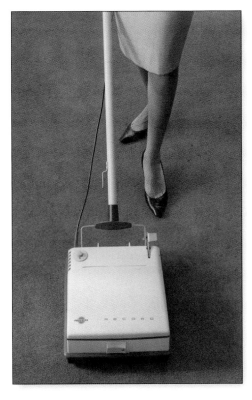

Klopfsauger, Progress Elektrogeräte, Entwurfsjahr 1959

Mein nächstes großes Projekt waren die Küchenmaschinen, die sich zu dieser Zeit einer wachsenden Beliebtheit erfreuten. Nach der entbehrungsreichen Kriegs- und Nachkriegszeit modernisierten die Hausfrauen nun ihre Küchen und statteten sie vorzugsweise mit elektrischen Küchengeräten aus. Progress bezog seine Küchenmaschinen zunächst aus Großbritannien, plante nun jedoch die Eigenproduktion. Die bislang verkauften englischen Küchenmaschinen wiesen einige Nachteile auf. Sie waren viel zu voluminös, um einen dauerhaften Platz in einer Durchschnittsküche zu erhalten, und der Anschaffungspreis war zu hoch.

Die erste von Progress und mir gestaltete Küchenmaschine war die „Favorit". Sie war unterteilt in einen Fuß mit Teigschüssel und ein aufsteckbares Rührgerät. Nahm man das Rührgerät ab, so verwandelte es sich in ein praktisches Handrührgerät. Dies und ihre im Vergleich zu den anderen Küchenmaschinen der damaligen Zeit geringe Größe machten die Favorit so erfolgreich. Sie konnte einerseits zu einem geringeren Preis verkauft wer-

Küchenmaschine mit abnehmbarem Handrührgerät „Favorit", Progress Elektrogeräte, Entwurfsjahr 1958

Küchenmaschine mit abnehmbarem Handrührgerät „Favorit", Progress Elektrogeräte, Entwurfsjahr 1958

Vielfalt führt zum Erfolg – Die Kunden meines Designbüros

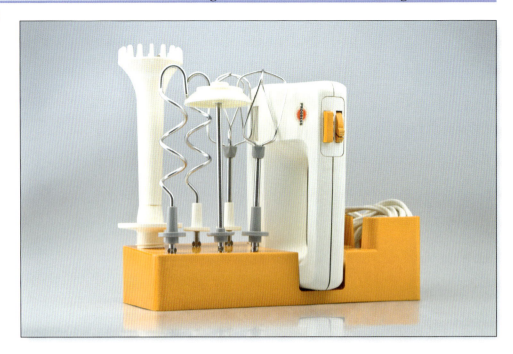

Handrührgerät K12, Progress Elektrogeräte, Entwurfsjahr frühe 1970er Jahre

Große Küchenmaschine, Progress Elektrogeräte, Entwurfsjahr 1958, kam jedoch nicht in den Verkauf, da sie in der Herstellung zu teuer war

den, war andererseits aber auch praktischer in der Handhabung und Aufbewahrung. Das Handrührgerät konnte auch einzeln verkauft werden.

Der Erfolg der von mir neu gestalteten Progress-Produkte sprach sich rasch bei zahlreichen Firmen herum und brachte mir wertvolle Kontakte zu künftigen Kunden ein.

Einer dieser Kunden wurde die Firma

Große Küchenmaschine, Progress Elektrogeräte, Entwurfsjahr 1958, kam jedoch nicht in den Verkauf, da sie in der Herstellung zu teuer war

Wäscheschleuder, Firma Scharpf, Entwurfsjahr 1957

Spülschleuder, Firma Scharpf, Entwurfsjahr 1957

Scharpf, die sich am gleichen Standort wie Progress befand und Marktführer im Bereich der Wäscheschleudern war. Kurz nach meinen ersten Gesprächen mit der Geschäftsleitung begann unsere Zusammenarbeit. Zunächst bestand meine Aufgabe darin, die Wäscheschleuder, die zu dieser Zeit das Hauptprodukt von Scharpf darstellte, neu zu gestalten. Die Wäscheschleudern ersetzten das anstrengende Auswringen der Wäsche von Hand und stellten eine erhebliche Arbeitserleichterung für die Hausfrauen dar. Einige wenige Haushalte waren zu dieser Zeit bereits im Besitz einer Waschmaschine, die sich jedoch meist auf das reine Waschen beschränkte, Spülen und Schleudern beziehungsweise Auswringen mussten weiterhin von Hand durchgeführt werden. Scharpf bot daher seinen Kunden auch eine von mir gestaltete Spülschleuder an, die als Ergänzung zur Waschmaschine verkauft wurde. Nach dem Waschen wurde die Wäsche in die Spülschleuder umgefüllt, dort zunächst per Knopfdruck gespült und im Anschluss durch einen weiteren Knopfdruck geschleudert. In der weiteren Entwicklung wurden Waschmaschine und Spülschleuder in einem rechteckigen Gerät vereint, das Umfüllen der Wäsche nach dem Waschgang entfiel dadurch jedoch noch nicht.

Meine für Scharpf gestalteten Haushaltsgeräte waren erfolgreich und die Firma entschied sich schließlich, ihr Produktprogramm durch eine richtige Vollwaschmaschine zu ergänzen, die sämtliche Vorgänge des Waschens in sich vereinte.

Erste Waschmaschine mit Wäscheschleuder der Firma Scharpf, Entwurfsjahr 1957

Erste Vollwaschmaschinen revolutionieren das Waschen

Noch in der ersten Hälfte des 20. Jahrhunderts war das Wäschewaschen ein heute unvorstellbarer Kraftakt, denn sämtliche Vorgänge – vom Einweichen und Kochen über den eigentlichen Waschvorgang bis hin zum Spülen und Schleudern – mussten von Hand durchgeführt werden. Nicht selten benötigte die Hausfrau hierfür einen ganzen Tag, den sie meist mit Rückenschmerzen und aufgequollenen, wunden Händen abschloss. Eine erste Erleichterung brachten die elektrisch betriebenen Wäscheschleudern und später die Spülschleudern, die der Hausfrau zumindest einen oder zwei Arbeitsgänge erheblich erleichterten. Doch das mühevolle Kochen und Waschen der Kleidungsstücke von Hand entfiel erst, als 1951 die Firma Constructa die erste elektrische Vollwaschmaschine auf den deutschen Markt brachte. Wenig später folgten weitere Modelle von verschiedenen Firmen, unter anderem brachte auch die Firma Scharpf eine von mir designte Vollwaschmaschine auf den Markt.

Erste Vollwaschmaschine der Firma Scharpf, Vorderlader, Entwurfsjahr 1960

Die Hausfrauen sparten mit den Vollwaschmaschinen nicht nur sehr viel Zeit, das Wäschewaschen machte zudem kaum noch Mühe, denn alle Arbeitsschritte übernahm nun eine Maschine. Mit dem Werbeslogan „Mehr Zeit – das Leben ist schön" machte die Firma Scharpf ihren Kundinnen eindeutig klar, dass diese mit den Haushaltsgeräten von Scharpf endlich mehr Zeit für die wirklich wichtigen Dinge im Leben haben. Für die Frau der Wirtschaftswunderzeit bedeutet dies mehr Zeit für eine unbeschwerte Fröhlichkeit mit den Kindern, mehr Zeit, um dem Mann eine gute Frau zu sein, um ihn zu verstehen und um sich für ihn schön zu machen, mehr Zeit, um Gäste zu empfangen, mitreden zu können, mehr zu wissen, denn der Mann ist stolz, wenn man seine Frau bewundert!

Da die ersten Vollwaschmaschinen jedoch noch sehr teuer in der Anschaffung waren, konnten sich trotz des Wirtschaftswunders nur wenige Haushalte eine solche leisten. In den 1950er-Jahren wurden daher Waschmaschinen noch tageweise an Privathaushalte vermietet. In den 1960er-Jahren gehörten sie schließlich beinahe zur Standardausstattung eines jeden Haushalts und sind heute aus unserem Alltag nicht mehr wegzudenken.

Design erreicht größten Arbeitsplatz der Welt – die Küche

In den ersten zehn Jahren seit der Gründung meines Designbüros beschäftigte ich mich bei verschiedenen Firmen mit der Gestaltung von Geschirr und Tischgeräten. Obwohl in diesem Produktbereich bereits seit vielen Jahren, teilweise Jahrzehnten, Formgestalter tätig waren, ergaben sich für mich dennoch viele interessante Aufgaben.

Einen Probeauftrag bei der Firma Siegwerk konnte ich durch einen Verweis auf mein erfolgreiches Kochgeschirr der Firma Ritter erreichen. Im September 1956 bekam ich den Auftrag, einen neuen Pfannenstiel für die emaillierten Stahlpfannen zu gestalten. Bislang nutzte Siegwerk hierfür emaillierte Eisenstiele oder Holzstiele, die mit einer Eisentülle umgeben waren. Der vermehrte Einsatz von Kunststoffen ließ aber auch diesen Produktbereich nicht unberührt. Zahlreiche Konkurrenzfirmen entschieden sich in zunehmendem Maß für Pressstoffstiele. Diese hatten jedoch – ebenso wie Holzstiele – den Nachteil, dass sie auf einer offenen Feuerstelle rasch verschmoren oder sogar verbrennen konnten. Stahlstiele dagegen wurden heißer als die anderen Stielausführungen. Bislang experimentierte Siegwerk mit den unterschiedlichen Materialien, konnte sich jedoch nicht auf eine einheitliche Verwendung festlegen.

Dieses auf den ersten Blick recht simpel erscheinende Problem bedurfte einer gut durchdachten Lösung und konnte den weiteren Verkaufserfolg der emaillierten Kochgeschirre stark beeinflussen. Es zeichnete sich bereits ab, dass den Pressstoffstielen die Zukunft gehören würde, jedoch empfand Siegwerk die Stielformen der Konkurrenzfirmen als unbefriedigend. Hier begann meine Aufgabe, die ich lösen konnte. Noch im selben Jahr wurde ein Vertrag zwischen Siegwerk und mir über die laufende formgestalterische Überarbeitung des Siegwerk-Geschirrs abgeschlossen. Nach verschiedenen formgestalterischen Entwicklungen folgte im Jahr 1959 das sogenannte Serviergeschirr Futura. Dieses sollte vor allem dem Umstand Rechnung tragen, dass immer mehr Frauen berufstätig waren und sich nicht mehr nur der Arbeit in Küche und Haushalt widmeten. Sie verlangten nach praktischen Kochgeschirren, aus denen sie direkt bei Tisch das Essen servieren konnten. Das bunt gestaltete Futura-Geschirr folgte diesem Trend, wie ein Auszug aus einem zeitgenössischen Werbeprospekt zeigt: „Siegwerk Futura ist ein modernes Serviergeschirr, das Mutti vom Elektroherd direkt auf den Tisch bringt, ohne erst die Speisen in kalte Porzellanschüsseln umzufüllen. Auch im Deckel kann sie anrichten und servieren. Mit Siegwerk Futura schmeckt es der ganzen Familie

Werbeprospekt für Serviergeschirr Futura, Firma Siegwerk, Entwurfsjahr 1959

noch mal so gut, denn der gedeckte Tisch atmet gepflegte Esskultur und Gastlichkeit."

Serviergeschirr Futura, Firma Siegwerk, Entwurfsjahr 1959

Bald darauf trat der Stahlwarenverband an mich heran, der nach Anregungen für seine Mitglieder in Form von neuen Geschirrsortimenten suchte. Ich fertigte verschiedene Modelle an, die einige neuartige Vorschläge enthielten. Rechteckige Pfannen und Töpfe versprachen sicheres und gezieltes Ausgießen, die kombinierten Stielgriffe ermöglichten gemeinsames Greifen von Topf und Deckel mit nur einer Hand. Andere Deckelmodelle versah ich anstatt mit Stielgriffen mit großen Knaufgriffen. Diese Deckel konnten in umgedrehtem Zustand als Untersatz für Kochtöpfe und Pfannen verwendet werden und folgten dem Trend der Serviergeschirre.

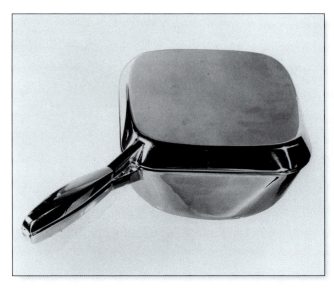

Pfanne und Deckel mit Stielgriff, Vorschläge für den Stahlwarenverband, 1957–1960

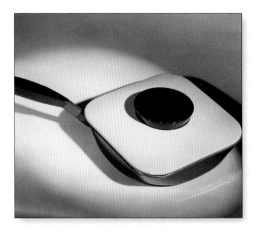 

Pfanne mit Knaufgriff, Vorschläge für den Stahlwarenverband, 1957–1960   *Wasserkessel, Holzmodell, Vorschläge für den Stahlwarenverband, 1957–1960*

Doch nicht nur im Haushaltsbereich fand eine weitreichende Neuentwicklung verschiedenster Produkte statt. Bereits in den Fünfzigerjahren setzte sich bei der Großküchenverpflegung gegenüber Porzellan und nichtrostendem Stahl ein neues Material durch. Es handelte sich um ein Duroplastmaterial, das durch ein von der Firma Ornapress geschütztes Verfahren zusätzlich mit einer dichten Oberfläche ausgestattet wurde. Insbesondere die Speiseplatten wiesen durch geringere Bruchempfindlichkeit beim innerbetrieblichen Transport zur Geschirrspülmaschine und bei der Lagerung gegenüber Porzellan entscheidende Vorteile auf. Gegenüber den Speiseplatten aus nichtrostendem Stahl wurden sie insbesondere durch ihr geringeres Gewicht vorgezogen.

Viele Firmenkantinen und zahlreiche Universitätsmensen setzten von mir gestaltete Speiseplatten aus Ornamin ein, beispielsweise die Ruhruniversität Bochum, die Technische Hochschule München, die Technische Hochschule Kopenhagen, das Kasino Atomforschungszentrum Karlsruhe, die Kantine der Alitalia am Flughafen Leonardo da Vinci in Rom, die Hochschule der Künste Berlin und viele andere.

Auf die verschiedenen Essgewohnheiten in Dänemark oder Italien und auf die hohen Ansprüche an den Umfang verschiedener Speisefolgen beispielsweise für das Atomforschungszentrum Karlsruhe ging ich selbstverständlich ein. Zur Erkennung der verschiedenen Essgewohnheiten führte ich umfangreiche Studien an Ort und Stelle durch, beispielsweise in Rom. Normalerweise hätten diese Studien zu zahlreichen verschiedenartigen Kantinengeschirren geführt. Dies entsprach auch dem Ehrgeiz der Geschäftsführer, die die Verantwortlichen in den jeweiligen Kantinenbereichen waren. Sie wollten für ihre Kantinen eigene, individuelle Speisegeschirre erhalten. Um die Werkzeugkosten der Firma Ornapress jedoch möglichst gering zu halten, wandten wir eine List an. Ornapress ging auf die Wünsche der Geschäftsführer ein, doch aufgrund der geschickten Gestaltung mussten nur die Speiseplatten selbst den verschiedenen Bedürfnissen angepasst werden. Die zahlreichen Einstellteile wie Suppenschüsseln oder Teller waren gleich.

Kantinengeschirr aus Melamin, Firma Ornapress, Entwurfsjahr 1957

Für jede individuelle Speiseplatte wurde ein von mir entwickeltes Rastersystem übernommen, in das sämtliche Einstellteile passten. Damit konnte mit einem Minimum an Einstellteilen der gesamte Bereich verschiedenster Essge-

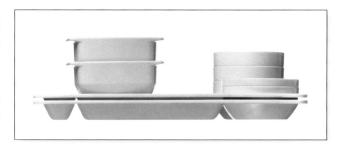

Kantinengeschirr aus Melamin, Firma Ornapress, Entwurfsjahr 1957

wohnheiten abgedeckt werden. Alle Geschirrteile waren zudem stapelbar und geschirrspülmaschinengerecht ausgebildet. Selbst die ersten von mir entwickelten Geschirrteile aus dem Jahr 1957 passten in dieses System und wurden noch 25 Jahre später in großen Stückzahlen hergestellt. Die Firma Ornapress gehört mit meinen Entwürfen zu den Pionieren auf dem Gebiet der Kantinen-Stapelgeschirre aus Kunststoff, die die Forderungen des automatisierten Transports erfüllen.

Der Produktbereich Konsumgüter

Küchengeräte aus Melamin, Firma Ornapress, Entwurfsjahr 1957

Kanne aus Melamin, Firma Ornapress, Entwurfsjahr 1957

Kaffeegedeck aus Melamin, Firma Ornapress, Entwurf 1960er Jahre

Kantinengeschirr aus Melamin, Firma Ornapress, Entwurf 1960er Jahre

Bald versuchte man den großen Erfolg von Kunststoffgeschirren in den Kantinen auf die Privathaushalte auszuweiten. 1963 veranstaltete die Badische Anilin- und Soda-Fabrik AG einen Design-Wettbewerb für Frühstücksgeschirre aus dem Kunststoff Luran, der als Thermoplast damals eine Neuheit auf dem Markt darstellte. Der Wettbewerb sollte helfen, Luran bekannter zu machen und seine Vorzüge – er ist leicht und bruchsicher – herauszustellen.
Zu diesem Wettbewerb wurden 15 europäische Designer eingeladen, fünf der Entwürfe wurden mit jeweils 10 000 DM prämiert. Einer der prämierten Entwürfe stammte von mir. Ich entwickelte das Frühstücksgeschirr aus der Überlegung heraus, dass die Tasse das Geschirrteil ist, das am häufigsten angefasst wird. Bei einem 6-teiligen Kaffeegeschirr werden die Tassengriffe durchschnittlich 25 Mal angefasst, bevor der Griff der Kaffeekanne einmal gegriffen wird. Die Tasse war daher der Ausgangspunkt meiner Entwicklung, alle anderen Geschirrteile waren ihrer Funktionalität untergeordnet. Der Griff war gut zu fassen und erlaubte die verschiedensten Haltegewohnheiten. Der obere vergrößerte Tassendurchmesser ermöglichte nicht nur bequemes Trinken, die Tassen waren dadurch auch stapelbar. Die Untertasse hatte in der Mitte eine

Frühstücksgeschirr aus Luran, entworfen für den BASF-Wettbewerb 1963, produziert von den Badischen Plastic-Werken

erhöhte Zentrierung für die Tasse, sodass übergeschwappte Flüssigkeit in den äußeren Rand des Untertellers abfloss. Der Tassenfuß blieb dadurch trocken und bei Benutzung tropffrei. Sowohl die Untertasse als auch der Teller erhielten einen erhöhten Fuß, der das bequeme Greifen der Geschirrteile erlaubte. Der Teller war zusätzlich mit einem erhöhten Rand ausgestattet, der das Abgleiten von Kuchen und Krümeln verhinderte. Auf die Kaffeekanne passten handelsübliche Filter und sie besaß am Ausguss eine Tropfabreißkante. Da der Deckel in den Kannenkörper einrastete, konnte er beim Eingießen nicht herausfallen. Zur leichten Reinigung vergrößerte ich den oberen Durchmesser der Kanne.

Trotz vorbildlicher Gestaltung blieben die meisten der prämierten Geschirre bloße Entwürfe und gingen nicht in die Produktion. An-

Frühstücksgeschirr aus Luran, entworfen für den BASF-Wettbewerb 1963, produziert von den Badischen Plastic-Werken

fang 1964 trat ich wegen der Fertigung meines Luran-Frühstücksgeschirrs mit der Firma Badische Plastic-Werke in Verbindung. Zusammen mit einer passend gestalteten Zuckerdose und einem Milchgießer ging das Luran-Geschirr in den Verkauf.

Dadurch wurden andere kunststoffverarbeitende Betriebe auf mich aufmerksam. Auch die Firma Benzing, Plastic-Spritz- und -Presswerk in Ehingen an der Donau, zeigte reges Interesse an der Produktion meines Frühstücksgeschirrs aus Luran. Ich hatte die Entwürfe zu diesem Zeitpunkt jedoch bereits vergeben. Für Benzing gestaltete ich daraufhin ein Kindergedeck, bestehend aus Kindertasse, Kinderteller, Tablett, Untertasse, Kinderbesteck und Kinderschieber. Der Kinderschieber ist ein spezieller Löffel, dessen Löffelschale in einem 90-Grad-Winkel abknickt, um unter 2-jährigen Kindern das selbstständige Essen zu erleichtern. Die Kindertasse entwarf ich mit einem geringen Durchmesser, sodass sie auch von Kleinkinderhänden umfasst werden konnte.

Kindergeschirr aus Kunststoff, Firma Benzing, Entwurfsjahr 1964

Der Produktbereich Konsumgüter

Die Firma Menesa führte ihr Haushaltswarenprogramm dagegen in verchromtem Kupfer und Aluminium aus. Da meiner Meinung nach die Gestaltung von Aluminiumgeschirren bereits ausgereizt war, übernahm ich die gestalterische Entwicklung einer neuen kupfer-verchromten Geschirrserie. Alle Produkte – vom Wasserkessel über die Kaffeekanne bis hin zur Zuckerdose und dem Milchgießer – waren aufeinander abgestimmt. Noch während der Vorstellung dieses neuen Geschirrs wurde Menesa

Kinderteller und Kinderschieber aus Kunststoff, Firma Benzing, Entwurfsjahr 1964

Geschirr aus Edelstahl, Firma Menesa, Entwurfsjahr 1960

jedoch von der Firma Eberspächer in Esslingen aufgekauft. Hier hatte man andere Pläne für das Produktsortiment entwickelt. Menesa sollte das Programm von Eberspächer ergänzen, die Haushaltswaren wurden nach und nach abgelöst. Diesen Schritt bedauerte ich sehr, denn das neue Geschirrprogramm fand reges Interesse und hätte sich bestimmt zu einem Verkaufserfolg entwickelt.

Unter gänzlich anderen Voraussetzungen begann meine Zusammenarbeit mit der Firma Rudolf Haug. Nachdem ihre Vorgängerfirma Wilhelm Gräßle nur Lohnaufträge ausgeführt hatte, wollte Haug nun ein eigenes Produktprogramm vertreiben. Um die erste eigene Produktserie auf eine solide Basis zu stellen, entschloss man sich von Beginn an zur engen Zusammenarbeit mit einem Formgestalter. Das neue Produktsortiment sollte Tischgeräte aus Metall und Holz sowie aus Metall und Kunststoff beziehungsweise Glas umfassen. Alle Neuentwicklungen – vertraglich vereinbart waren mindestens 16 pro Jahr – wurden von mir gestaltet:

„Herr Slany entwickelt für Rudolf Haug ein Sortiment von Gebrauchsgütern, die mit der heutigen Architektur und Wohngestaltung in Einklang stehen. Die Geräte sind funktionsgerecht und genügen dem Geschmack einer anspruchsvollen Verbraucherschicht. Sie sind als Geschenkartikel geeignet."[18]

Die einzelnen Teile des Sortiments sollten aufeinander abgestimmt und nach dem Baukastenprinzip entwickelt werden. Da der Firma

Tischgeräte aus Metall, Holz und Glas, Firma Haug, Entwurfsjahr 1962

wenig Kapital zur Verfügung stand, sollten die Werkzeuge für die Herstellung möglichst kostengünstig sein. Dies führte zu Tischgeräten mit einfachen und klaren Formen. 1965 umfasste das Systemservice SOMEGAL 22 Einzelteile, darunter Tabletts, Teegläser, eine Blumenvase, einen Aschenbecher, Eierringe und eine Pfeffermühle. Das Material – Edelstahl und Teakholz – entsprach ganz dem Zeitgeschmack. Die hohe gestalterische Anmutung erregte das Interesse der OMF, die an einer Übernahme des SOMEGAL-Programms interessiert war.

Tischgeräte aus Metall, Holz und Glas, Firma Haug, Entwurfsjahr 1962

Die Teakholzwelle der 1960er

Das deutsche Wirtschaftswunder brachte einen neuen Wohlstand für weite Bevölkerungskreise mit sich, der sich auch in einer anspruchsvolleren Wohnkultur niederschlug. Die Materialien sollten edel, aber gerne auch etwas exotisch sein, denn nach den „rein deutschen" 1930er- und 1940er-Jahren gab es nun keine Grenzen mehr bei der Wahl der Materialien, der Formen und Stile. In den frü-

Sekt-, Wein- und Likörgläser in Teakholzständer, Firma Anri, Entwurfsjahr 1962

hen 1960er-Jahren entdeckten zahlreiche Hersteller von Tischgeräten Teakholz als neuartiges Material, das zuvor bereits in Skandinavien eine große Verbreitung gefunden hatte. Es befriedigte auch in Deutschland den Wunsch nach etwas Neuem, Besonderem, das zugleich edel und zeitlos wirkte. Die Firmen Haug und Anri bedienten mit ihrer Produktpalette die Begeisterung für Teakholz und ich gestaltete zahlreiche Gebrauchsgegenstände wie Tabletts, Kannen, Vasen oder Obstschalen für diese beiden Firmen.

Mitte der 1960er-Jahre ebbte die Begeisterung für Teakholz jedoch bereits merklich ab, was auch die teakholzverarbeitenden Firmen zu spüren bekamen. Die Rohstoffe konnten nicht so schnell nachwachsen, wie sie benötigt wurden, wodurch das Holzmaterial immer teurer und damit schnell uninteressant wurde.

Die Anri GmbH aus Bozen in Italien trug ebenfalls der zeitgenössischen Teakholzwelle Rechnung und bewarb ihre „formschönen Gebrauchsgegenstände aus Teakholz". Da ich hier großes Potenzial für neue Gestaltungen sah, nahm ich 1962 Kontakt mit der Geschäftsleitung auf und wurde zu einem ersten Besuch nach St. Cristina eingeladen. Eine Zusammenar-

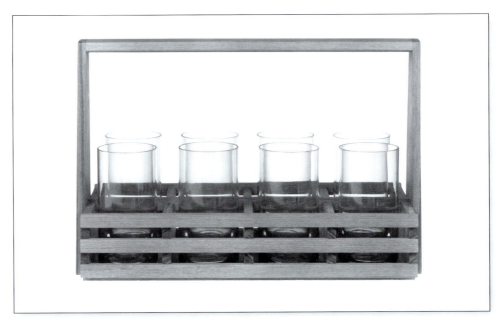

Saftgläser in Teakholzständer, Firma Anri, Entwurfsjahr 1962

Obstschale und Obstständer aus Teakholz, Firma Anri, Entwurfsjahr 1962

beit kam schnell zustande und ich begann mit den ersten Entwicklungen für Anri. Bei meinen Überlegungen legte ich Rationalisierungsmaßnahmen in der Wohnung zugrunde. Bislang wurden Rotwein- oder Saftgläser in Schränken aufbewahrt. Wurde nun mit Besuchern eine Flasche Wein getrunken, musste die Frau des Hauses die Gläser einzeln herbeiholen und nicht selten waren sie aufgrund der unregelmäßigen Nutzung etwas eingestaubt. Hier schafften meine hölzernen Gläserständer Abhilfe. Meine weiteren Entwicklungen wie Pfeifenbehälter oder Flaschenhalter waren ebenfalls praktische Helfer für den Alltag, die sich dank ihrer Formschönheit harmonisch in jede Wohnung einfügten.

Mein wichtigster und interessantester Kunde wird Bosch

Eine meiner bedeutendsten Vertragsfirmen war Bosch, zu der ich schon seit meiner ersten Zeit bei Aluminium Ritter Verbindungen hatte. Nach meinem Sprung in die Selbstständigkeit erhielt ich als Probeauftrag die Gestaltung der sogenannten Bosch Fanfare. Es handelte sich um ein akustisches Gerät, das an der Stoßstange des Autos befestigt war. Über einen Knopf im Innern des Autos konnte der hupende Ton der Fanfare ausgelöst werden. Nach ihrem Verbot in der BRD war zwar das Ende der erfolgreichen Bosch Fanfare gekommen, für mich markiert sie jedoch den Beginn der engen Zusammenarbeit mit Bosch, die sich bei Teams Design bis heute fortsetzt.

Die Bosch Fanfare

Ein eigenes Auto! Was heute für die meisten Deutschen selbstverständlich ist, war in den ersten Jahrzehnten nach dem Zweiten Weltkrieg ein großer Traum insbesondere der deutschen Männer, der jedoch in vielen Fällen lange Jahre unerfüllt geblieben ist. Umso mehr kümmerten sich diejenigen um ihr Auto, die sich diesen Traum erfüllen konnten, und statteten es mit allem möglichen Autozubehör aus. Oftmals war dies auch bitter nötig, denn was heute ein selbstverständlicher Bestandteil eines jeden Autos ist – Blinker, Scheibenwischer oder eine Hupe –, gehörte damals keineswegs zur serienmäßigen Ausstattung eines Automobils. Beispielsweise mussten erst ab 1963 in der BRD alle Pkws, die eine bestimmte Größe überschritten, mit einem elektrischen Blinker ausgestattet werden. Davor boomte der Autozubehörmarkt für Winker, Wischer und so weiter, die unter anderem auch von Bosch hergestellt und in den Bosch-Diensten eingebaut wurden, die bald wie Pilze aus dem Boden schossen. In diese Reihe des mehr oder weniger notwendigen Autozubehörs gehört auch die Bosch Fanfare, deren eigentlicher Sinn in der Unterstützung der oftmals nur schwach tönenden eingebauten Autohupen bestehen sollte. Auch die zeitgenössische Werbung hebt den lauten Ton der

Fanfare, Bosch Elektrowerkzeuge, Entwurfsjahr 1956

Bosch Fanfare und des ähnlichen Zweitonhorns besonders hervor und macht deutlich, dass der herannahende Autofahrer so garantiert von jedem gehört wird. Doch dieser Umstand sollte auch das Ende der Bosch Fanfare bedeuten. Es ergab sich bald das Problem, dass insbesondere junge Leute die Bosch Fanfare gerne nutzten, um durch lautstarkes Hupen während der Fahrt auf sich aufmerksam zu machen. Der Gesetzgeber sah sich schließlich dazu gezwungen, die Bosch Fanfare in der BRD zu verbieten, und ihre Produktion musste eingestellt werden.

Bosch war mit seinem großen Produktionsprogramm auf verschiedenen Gebieten vertreten, mein Interesse galt zunächst jedoch vor allem den Bosch Elektrowerkzeugen. Die Firma hatte bereits im Jahr 1929 mit der Fertigung von Elektrowerkzeugen begonnen. Allerdings standen nicht die typischen Bohrmaschinen am Anfang des Erfolgs der Bosch Elektrowerkzeuge, sondern eine Haarschneidemaschine mit Markennamen Forfex. Bemerkenswert ist, dass diese mit einem Gehäuse aus Bakelit ausgestattet war, womit bereits erste Überlegungen hinsichtlich der Schutzisolation verwirklicht wurden.
Drei Jahre später brachte Bosch das erste schutzisolierte Elektrowerkzeug, einen Handschleifer, auf den Markt.
Als im Jahr 1958 meine Zusammenarbeit mit Bosch Elektrowerkzeuge vertraglich vereinbart wurde, hatte sich Bosch auf diesem Gebiet bereits einen sehr guten Namen gemacht. Ich sah für mich große Möglichkeiten, vor allem meine Kenntnisse über Ergonomie in die gestalterischen Entwicklungen einzubringen. Da ich der erste freie Designer war, der für Bosch Elektrowerkzeuge arbeiten sollte, erhielt ich zusammen mit meinem ersten Auftrag, der Gestaltung einer Handbohrmaschine, auch eine genaue Aufgabenstellung. Im Design sollten Rationalisierungswünsche, neue Materialien und neue funktionelle Erkenntnisse berücksichtigt werden. Die Entwicklungsabteilung bei Bosch Elektrowerkzeuge erarbeitete ein Pflichtenheft, das die Merkmale eines erfolgreichen Elektrowerkzeugs nach Prioritäten aufschlüsselte. Die gute Handhabung des Werkzeugs stand dabei an erster Stelle, gefolgt von einem geringen Gewicht und niedrigen Gehäusetemperaturen. Die vierte Stelle nahm die hohe elektrische Berührungssicherheit ein, und die fünfte eine rationelle Fertigung. Es folgten die Ausbaufähigkeit des Programms, die durch ein Baukastensystem ermöglicht werden sollte, und die formale Qualität und Originalität

des Programms. Die Bosch Elektrowerkzeuge sollten sich durch ein eigenes „Firmengesicht" deutlich von ihren Wettbewerbern unterscheiden. Das Baukastensystem schlug sich in zahlreichen meiner Entwicklungen nieder und sorgte für die Austauschbarkeit der verschiedenen Gehäuseteile untereinander. Dennoch musste am Ende ein sinnvolles formales Ganzes entstehen, was bereits bei der Gestaltung der Einzelelemente zu berücksichtigen war. Der wirtschaftliche Vorteil einer solchen Vorgehensweise ist offensichtlich. Gleichbleibende Einzelteile können in wesentlich größeren Produktionsserien hergestellt werden und verringern den Werkzeugaufwand bei der Herstellung. Dies führt zusammen mit einer geringeren Lagerhaltung zu einem günstigeren Verkaufspreis des Endprodukts, was wiederum einen Vorteil gegenüber Wettbewerbern darstellt.

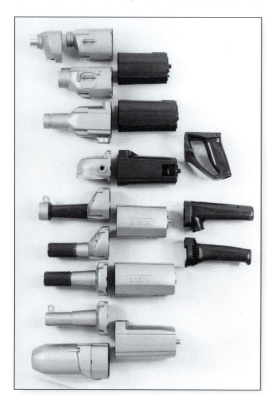

Baukastensystem, Bosch Elektrowerkzeuge

Neu und zukunftsweisend für alle kommenden Elektrowerkzeugentwicklungen waren jedoch die Gesetze der Ergonomie, die ich der Gestaltung meiner ersten Handbohrmaschine zugrunde legte. Später wurde die neue Bohrmaschine von Bosch hauptsächlich hinsichtlich ihrer bahnbrechenden ergonomischen Gestaltung beworben.

Die erstmalige Verwendung von Kunststoff für das Gehäuse verursachte dagegen zunächst einige Aversionen, die insbesondere bei den Herren vom Verkauf deutlich spürbar waren. Diese sahen im Kunststoff noch immer lediglich einen Ersatzstoff und mussten mit einem drastischen Versuch vom Gegenteil überzeugt werden. Ein Lkw fuhr über eine neue Bosch Handbohrmaschine, die danach unbeschädigt und noch voll funktionsfähig war. Selbst die letzten Zweifler verstummten nach diesem erfolgreichen Versuch rasch.

Die Handbohrmaschine war ein durchschlagender Erfolg und nahm auf die Konkurrenzfirmen von Bosch einen beträchtlichen Einfluss. Diese mussten sich nun den neuen Herausforderungen der ergonomischen Gestaltung anpassen, wollten sie mit ihren eigenen Produkten nicht den Anschluss verpassen.

Die ergonomische Handbohrmaschine von Bosch

Bis heute ist die ergonomische Handbohrmaschine von Bosch eines der wichtigsten Produkte, das ich gestaltet habe. Ihre Entwicklung fällt in eine Zeit, in der das Heimwerken einen großen Aufschwung nahm, der im Wiederaufbau nach dem Zweiten Weltkrieg seinen Anfang hatte. Steigende Handwerkerpreise machten in der Folgezeit das Heimwerken immer attraktiver, sodass sich daraus für viele eine regelrechte Freizeitbeschäftigung entwickelte. Dies zeigt sich auch deutlich daran, dass in den 1960er-Jahren die ersten Baumärkte entstanden und schnell zum Eldorado für Männer wurden. Folglich wurde die ergonomische Gestaltung nicht nur bei professionellen Handwerker-Produkten eingesetzt,

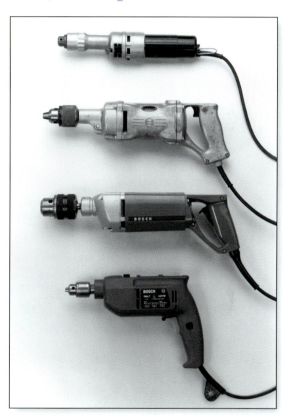

Handbohrmaschinen, 2 Vorgängermodelle und 2 Slany-Entwürfe, 1958–1960

sondern auch dazu genutzt, den steigenden Ansprüchen der Heimwerker gerecht zu werden. Neben der Anwendungsfreundlichkeit war ein nicht zu teurer Preis oftmals kaufentscheidend, den Bosch auch über das Baukastensystem zustande bringen konnte.

Vielfalt führt zum Erfolg – Die Kunden meines Designbüros

Stichsäge, Bosch Elektrowerkzeuge, Entwurf 1980er Jahre

In der Folgezeit begleitete ich alle Elektrowerkzeugentwicklungen der Firma Bosch, zunächst das sogenannte Kombi-Elektrowerkzeug-Programm für Heimwerker und Handwerker. Für dieses Systemprogramm gestaltete ich innerhalb von zwei Jahrzehnten über 200 verschiedene Geräte. Hinzu kamen ab 1974 für das Bosch Heimwerkerprogramm über 150 Elektrowerkzeuge, von der Bohrmaschine bis zur Handkreissäge. Bald erhielten die durch mich gestalteten Produkte hohe Designauszeichnungen.

Winkelschleifer, Bosch Elektrowerkzeuge, Entwurfsjahr ca. 1979

Bullcraft Bohrmaschine, Bosch Elektrowerkzeuge für Neckermann, Entwurfsjahr 1969

Leider konnte ich auf dem erfolgreichen Sektor der Bosch Haushaltsgeräte nicht tätig werden, da ich in diesem Geschäftsbereich durch die bestehenden Verträge mit verschiedenen Haushaltsgerätefirmen gebunden war.

Im Laufe der Jahre übernahm ich bei Bosch die Gestaltung in weiteren Geschäftsbereichen, wie beispielsweise Bosch Eisemann und Bosch Photokino. Letztere Firma stellte insbesondere Filmkameras für Hobbyfilmer her. Auf dem Gebiet der Investitionsgüter wurde ich bei Bosch Verpackungsmaschinen, Bosch Industrieausrüstung und der Bosch Fernseh GmbH tätig, die allesamt Tochterfirmen der Robert Bosch GmbH waren.

Handkreissäge PKS 66, Bosch Elektrowerkzeuge, Entwurfsjahr 1987

Notstromaggregat, Bosch Eisemann, Entwurfsjahr 1978

Notstromaggregat, Bosch Eisemann, Entwurfsjahr 1980

Meine erfolgreiche Arbeit für Bosch spiegelt sich auch in zahlreichen Auszeichnungen wider. 1975 erhielten der von mir und meinem Team gestaltete Bohrhammer Dübelblitz II 205 und die Schlagbohrmaschine „Panther" E 23 SBo zwei Bundespreise „Gute Form". 1977 erhielt der „Dübelblitz" auf der Leipziger Frühjahrsmesse die Goldmedaille in Anerkennung eines hohen wissenschaftlich-technischen Niveaus.

Filmbetrachter, Bosch Photokino, Entwurfsjahr 1977

Doch nicht nur innerhalb der Bundesrepublik Deutschland wurde der große Erfolg der Bosch Elektrowerkzeuge honoriert, selbst aus Japan erhielten wir Designauszeichnungen. 1988 zeichnete das japanische Ministerium für Industrie und Handel aus 6000 Bewerbungen für Designpreise auch drei Bosch-Geräte aus: Bosch PFZ550E, die Bohrmaschine PBH16RE und Bosch 1347. Alle drei Geräte wurden von mir und meinen Mitarbeitern gestaltet.

Filmkamera Bauer A 512, Bosch Photokino, Entwurfsjahr 1976

Heute werden Bosch Bohrmaschinen immer noch als Produkt angesehen, das die hohe Qualität der Erzeugnisse der baden-württembergischen Industrie repräsentiert. Aus diesem Grund werden sie auch als Staatsgeschenke des Landes Baden-Württemberg ausländischen Staatsgästen überreicht. Unter anderem ist König Juan Carlos von Spanien seit seinem Staatsbesuch in Baden-Württemberg stolzer Besitzer von zwei Bosch Bohrmaschinen.

Tonfilmprojektor Bauer T 520 Duoplay, Bosch Photokino, Entwurfsjahr 1977

Feuer und Flamme für Design – Design für Feuer und Flamme

Ölofen, Johann Breitenstein GmbH, Entwurfsjahr 1956

Die Gestaltung von Heizgeräten, Brennern und anderen Geräten zur Wärmeerzeugung zieht sich durch meine gesamte Tätigkeit als Designer und nahm ihren Anfang bereits im Jahr 1957. Auf der Kölner Messe suchte ich den ersten Kontakt zur Firma Johann Breitenstein GmbH, einer Lackierwarenfabrik in Emmerich. Im selben Jahr wurde die Zusammenarbeit vertraglich geregelt und der neue Ölofen IBE 58 entstand. Er wurde Teil einer Ausstellung im bekannten Möbelhaus Behr in Stuttgart. Seine formschöne und zeitlose Gestaltung gefiel auch der Firma Eugen Laible KG ausgesprochen gut, die daraufhin mit mir in Kontakt trat und zu einem weiteren Kunden werden sollte.

Die Laible KG plante ein Warmwassergerät auf den Markt zu bringen, das von der seither üblichen Form abwich. Mit der Gestaltung des zunächst noch runden Badeofens begann ich im Oktober 1959, zwei Jahre später wurde er durch einen neuartigen rechteckigen Badeofen ersetzt. Zusammen mit der Badewanne bildete der rechteckige Badeofen eine optische Einheit und benötigte nicht mehr Stellfläche als sein rundes Vorgängermodell. Dies entsprach ganz dem Zeitgeschmack. Meine Zusammenarbeit mit der Laible KG endete erst 1971.

Rechteckiger Badeofen, Laible KG, Entwurfsjahr 1961

Für die Firma Witte Heiztechnik entwickelte ich vorwiegend die neu aufgekommenen Nachtstromspeicherheizgeräte. Dieses Heizsystem hatte den großen Vorteil, dass es den günstigen Nachtstrom zum Aufheizen des Geräts nutzen konnte und die Wärme nach Bedarf reguliert wurde. Mein erster Entwurf eines Nachtstromspeichergeräts stammt aus dem Jahr 1959 und war ein beachtlicher Erfolg. Da sich die Geräte der verschiedenen Hersteller im Laufe der Zeit immer ähnlicher wurden[19], hatte Witte den verständlichen Wunsch, wieder ein unverwechselbares Nachtstromspeicherheizgerät zu produzieren. Im Jahr 1964 begann ich mit einer Neuentwicklung, die Witte nun aber durch umfangreiche Schutzrechte absicherte. Dieses Heizgerät war ebenfalls ein großer Erfolg und wurde bis in die Achtzigerjahre hinein produziert. Hierbei waren die Veränderungen lediglich technischer Art, das Erscheinungsbild blieb jedoch gleich.

Nachtstromspeicherheizgeräte

Um das deutsche Wirtschaftswunder der 1950er-Jahre am Laufen zu halten, wurde vor allem eines benötigt – Strom. Der Stromverbrauch wuchs nicht nur in der aufstrebenden Industrie immer weiter, auch die zahlreichen Privathaushalte, die nun immer mehr elektrische Haushaltsgeräte nutzten, wollten mit der Energie aus der Steckdose versorgt sein. So entstanden Stromanlagen, die durch ihre großen Kapazitäten diese Nachfrage erfüllen sollten. Da der meiste Strom tagsüber verbraucht wurde, konnten diese Kapazitäten nachts jedoch kaum ausgeschöpft werden. Die Stromanbieter versuchten daher, durch den sehr viel günstigeren Nachtstrom einen Anreiz zur nächtlichen Nutzung zu schaffen. Gleichzeitig kam das Heizen mit Strom auf,

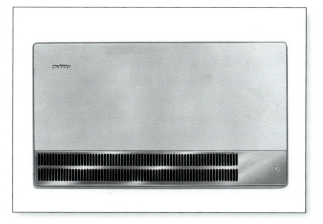

Nachtspeicherheizgerät WICOMAT FS 30/40, Witte, Entwurfsjahr 1966

was jedoch durch die normalen Tagestarife eine recht teure Alternative zu Öl und Gas darstellte. Findige Elektrogerätehersteller verknüpften diese beiden Probleme miteinander und schufen die ersten Nachtstromspeicherheizgeräte, die den Strom dann nutzten, wenn er am günstigsten war – in der Nacht –, die erzeugte Wärme jedoch dann abgaben, wenn sie gebraucht wurde – am Tag. Diese speziell für die Nutzung des günstigen Nachtstroms entwickelten Geräte wurden ein wichtiger neuer Zweig der Elektroindustrie, was zu einer Förderung des Nachtstroms durch diese führte.

Mit der Zeit verloren die Nachtstromspeicherheizgeräte jedoch ihre Vorteile, da in der Regel kein günstigerer Nachtstrom mehr anfiel.

Die Firma Weishaupt in Schwendi, ein namhafter Hersteller von Öl- beziehungsweise Gasbrennern und Heizsystemen, war ein weiterer wichtiger Kunde für mich. Mitte der 1980er-Jahre zeichnete sich ein neuer Trend im Heizungsbau ab. Einige Hersteller begannen, komplette Heizkesselanlagen bestehend aus Kessel, Brenner und Regeltechnik anzubieten. Diese neuen Geräte wurden „Unit" genannt. Weishaupt als klassischer Brennerhersteller entschloss sich ebenfalls zur Herstellung solcher Units und zog mich als Designer hinzu. Es erstaunte mich sehr, dass bei den bisherigen Geräten die Brenner unten vor dem Heizkessel angeordnet

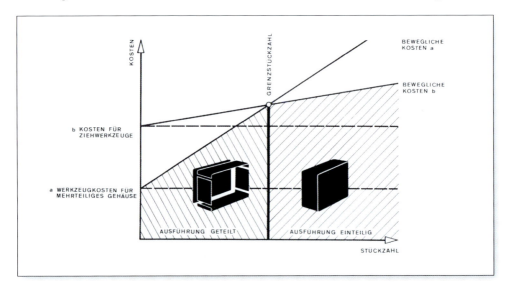

Baukastensystem Witte

Der Produktbereich Konsumgüter

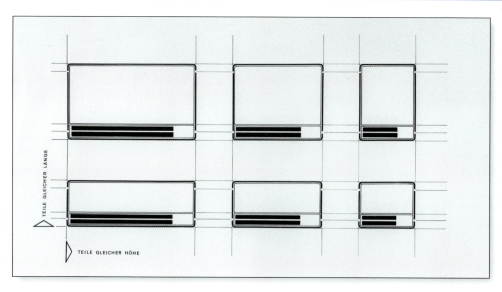

Baukastensystem Witte

waren. Der Wartungsmonteur hatte neben Schraubschlüsseln, Bürsten und anderen Geräten daher auch immer ein Paar Knieschoner dabei. Mir war schnell klar, dass meine Neuentwicklung nicht so menschenunfreundlich werden durfte. Beim 1989 zusammen mit meinem Team neu entwickelten Thermo Unit wurde der Brenner nach oben verlegt, sodass die Wartung, Reinigung und Bedienung in bequemer, aufrecht stehender Haltung erfolgen konnte. Doch der neue Heizkessel war dadurch nicht nur wartungs- und bedienungsfreundlicher, auch die Verbrennung von oben nach unten entsprach einer feuerungstechnisch idealen Position. Die von oben einschießende Flamme verteilte sich dadurch im Kessel sehr viel gleichmäßiger als bei den herkömmlichen Geräten, was nicht nur zu einem verbesserten Wirkungsgrad, sondern auch zu geringeren Emis-

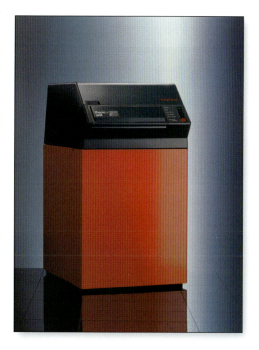

Thermo Unit, Weishaupt, Entwurfsjahr 1995

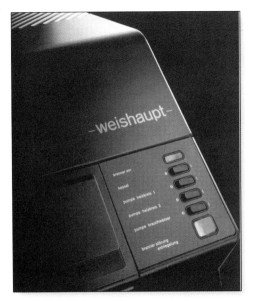 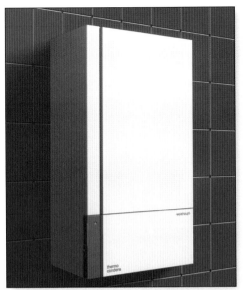

Thermo Unit Bedienteil, Weishaupt, Entwurfsjahr 1995

Thermo Condens, Weishaupt, Entwurfsjahr 1995

sionswerten führte. Hinzu kam, dass der Thermo Unit der erste in Serie gefertigte Heizkessel war, der aus einem Guss bestand. Dies führte zu einer langen Lebensdauer und einem geringeren Gewicht. Durch die neue Anordnung der verschiedenen Elemente wurde zugleich auch der Platzbedarf in den zumeist engen Kellerräumen geringer. Der neue Thermo Unit war also in allen Bereichen vorbildlich.

Dieser Umstand wurde mit einer Fülle von Auszeichnungen in ganz Europa und sogar in Japan gewürdigt. Neben seiner Form und Ergonomie ist es insbesondere seine Langlebigkeit, die das Design Center Stuttgart 1996 auszeichnete. Daneben wurde im selben Jahr das von uns gestaltete Gas-Brennwertgerät Thermo Condens aufgrund seiner klaren und zurückhaltenden Formensprache und seiner Langlebigkeit ausgezeichnet.

Was gute Bilder macht, muss auch gut aussehen

Während meiner Zeit bei Heinrich Löffelhardt konnte ich erste Erfahrungen in der Gestaltung von Fotokameras sammeln. Zeiss-Ikon trat 1956 mit dem Auftrag an Löffelhardt heran, die erste Kleinbildkamera zu gestalten, deren wesentliche Gehäuseteile aus spritzgepresstem Melaminkunststoff bestehen sollten. Als freier Mitarbeiter von Löffelhardt beglei-

Der Produktbereich Konsumgüter

Kleinbildkamera, Zeiss-Ikon, Entwurfsjahr 1956

tete ich die Gestaltung von Beginn an. Neben dem Kunststoffgehäuse besaß die Kleinbildkamera auch einen neuentwickelten Verschluss und Filmtransport, die keine Zahnräder mehr hatten. Durch die einfache Bedienung – der Auslöser war gleichzeitig auch der Filmtransporthebel – und den günstigen Preis wurde insbesondere die Zielgruppe der Frauen und jungen Fotoamateure angesprochen. Einsatzbereiche für die kompakte Kunststoffkamera gab es zu dieser Zeit reichlich. Die Freizeitgestaltung nahm einen immer höheren Stellenwert ein und die Menschen verbrachten ihre Urlaube nicht selten in der Ferne. Alle diese Erlebnisse sollten auf Bildern festgehalten werden. Daneben waren auch familiäre Ereignisse wie Hochzeiten oder Taufen beliebte Motive.

Erst 1970 konnte ich meine damals gesammelten Erfahrungen wieder in die Praxis umsetzen. Die Optischen Werke Schneider und Co. traten an mich mit der Bitte um die Ausarbeitung einer äußeren Form

Kleinbildkamera, Zeiss-Ikon, Entwurfsjahr 1956

für Wechselobjektive einer Spiegelreflexkamera heran. Die Firma strebte insbesondere ein unverwechselbares Äußeres aller Schneider-Objektive an und bemängelte, dass sich die Objektive der Konkurrenzfirmen immer mehr glichen. Darüber hinaus sollten sie dem aktuellen Zeitgeschmack und dem der nächsten sechs Jahre entsprechen sowie eine wirtschaftliche Fertigung ermöglichen. Diese Forderungen sind immer wieder bezeichnend für die Beweggründe, einen Designer zu beschäftigen. Mein nächstes großes Projekt war die Gestaltung eines Vario-Objektivs für Fernsehkameras, das auf die verschiedenen Fernsehkameras der Firmen Fese, Philips, RCA und Thomas passen sollte. Diese Aufgabe löste ich, indem das Objektiv für alle Kameras gleich war und lediglich die Anschlussplatte zur Kamera individuell gestaltet wurde.

Schönes und Nützliches braucht der Mensch

Mit der Gestaltung von Tischgeräten bewies ich bereits, dass auch kleine Dinge die Wirkung eines Raumes oder einer ganzen Wohnung entscheidend beeinflussen können. Es lag daher nahe, mich weiter mit der Gestaltung von kleineren Einrichtungsgegenständen, wie Leuchten oder Uhren, zu beschäftigen. Meine für die Brunnquell GmbH entworfenen Wand- und Spiegelleuchten waren insbesondere auf dem schwedischen

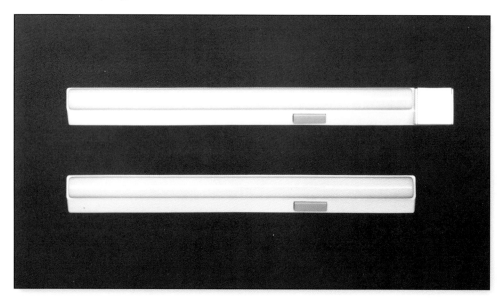

Leuchten aus Isolierstoff, Brunnquell, Entwurfsjahr 1967

Markt über lange Jahre hinweg ein großer Verkaufserfolg. Herr Brunnquell entschloss sich daher, mit meiner Hilfe für den deutschen Markt eine günstige Zweitlinie zu entwickeln. Rund zehn Jahre nach der Gestaltung der ersten Wand- und Spiegelleuchtenserie entwickelte ich eine zweite, ebenso erfolgreiche Serie.

Da die Brunnquell GmbH eine Tochterfirma der Lindner GmbH war, lag es für mich nahe, auch hier gestalterisch tätig zu werden. Das Produktsortiment beider Firmen überschnitt sich vielfach, jedoch war Lindner eher auf Außenleuchten spezialisiert. Dies eröffnete mir ein weiteres, sehr interessantes Tätigkeitsfeld. Das Außenleuchtenprogramm sollte aus kubischen und zylindrischen Formen bestehen und in der Architektur möglichst universell einsetzbar sein. Daneben gestaltete ich weitere Lampen für Innenräume.

Wie bei allen Innenleuchten wurden bei dieser Gestaltung gewisse allgemeingültige Kriterien zugrundegelegt, die in den späten 1970er-Jahren aktuell waren. Kaufentscheidend bei Leuchten war in der Regel die Frau. Selbst in den Einzelhandelsgeschäften tätigte weibliches Personal den Einkauf der Leuchten. Die Anschlüsse sollten laiengerecht ausgeführt sein. Das Leuchtmittel musste ohne Werkzeug entfernt werden können, es sollten Schraub- und Schnappgläser den Vorzug vor mit Schrauben gehaltenen Gläsern haben. Sanitäre Leuchten richteten sich zu dieser Zeit bereits nicht mehr nach den Modefarben der Wandfliesen, Waschbecken oder Badewannen. Vielmehr sollte das Leuchtenunterteil im Einklang mit den Armaturen stehen und daher aus Chrom, Goldmessing oder Bronze gefertigt sein.

Der interessanten Gestaltung von Glasbausteinen für den Innen- und Außenbereich von Gebäuden konnte ich mich seit 1967 bei der Firma Gerresheimer Glashüttenwerke A.G. widmen. Das neu entwickelte Glasbausteinprogramm erhielt den Namen „design line", die einzelnen Steine aufgrund ihrer klassischen Form die Namen Alpha, Beta und Gamma aus dem griechischen Alphabet. Die Dekors der Glasbausteine waren innen geprägt, die Außenseite dagegen glatt und somit schmutzabweisend und pflegeleicht. Alpha, Beta und Gamma wurden in der Größe 240×240×80 Millimeter gestaltet und konnten so nicht nur für sich, sondern auch in Kombination untereinander verlegt werden. Der herkömmliche GERRIX-Glasbaustein „Klarsicht" passte ebenso in dieses Schema und erhielt die neue Bezeichnung „pi". Während der langjährigen Zusammenarbeit mit der Firma Gerresheimer entstand eine Vielzahl verschiedenster Glasbausteine.

Glasbausteine in der Architektur

Glasbausteine waren in der Architektur der 1960er- und 70er-Jahre nahezu unverzichtbar und wurden besonders gerne bei den Außenwänden von Treppenhäusern verwendet, konnten darüber hinaus aber nahezu überall eingesetzt werden, wie ein Werbeprospekt für GERRIX-Glasbausteine deutlich macht: „Die design-line-Glasbausteine eignen sich besonders für Zwischenräume in modernen Wohnräumen, wie Wohn- und Esszimmer, Dielen, Garderoben und Spielecken. Aber auch im Außenbau, in Foyers und Treppenhäusern von Schulen, Kindergärten und Verwaltungsgebäuden, wo bei weitgehender Durchsicht moderne,

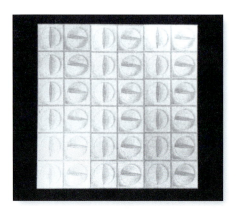

Kombinationsvorschlag für GERRIX-Glasbaustein Beta, Gerresheimer Glashüttenwerke A.G., Entwurfsjahr 1970

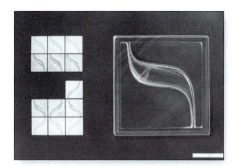
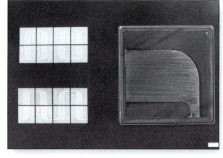
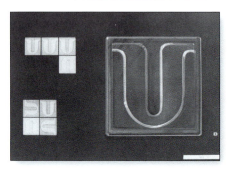
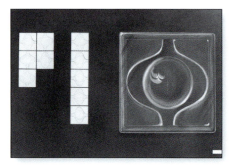

GERRIX-Glasbausteine, Gerresheimer Glashüttenwerke A.G., 1970er-Jahre

großzügige Wirkungen erzielt werden sollen, bieten sich die neuen Glasbausteine geradezu an. Weitere Anwendungsmöglichkeiten ergeben sich bei Terrassenwänden, die als Windfang dienen, aber den Blick in den eigenen Garten nicht verbauen sollen." Nicht selten ersetzten Glasbausteine Fenster oder wurden so großflächig eingesetzt, dass sie ganze Wände bildeten, die einerseits aufgrund der verzerrenden Wirkung einen idealen Sichtschutz darstellten, andererseits lichtdurchlässig waren und so einen Raum nicht nur trennten, sondern verbindend wirkten.

Meine Mitarbeit bei der Uhrenfabrik Junghans ging auf Dr. Strudhoff zurück, den ich bereits durch einen anderen Kunden kennengelernt hatte.

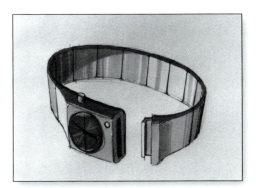

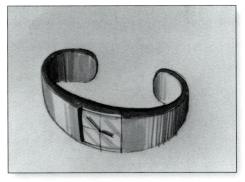

Spangenarmbanduhren, Entwürfe für Junghans, Entwurfsjahr 1971

Meine Entwürfe für Quarzuhren gefielen ihm ausgesprochen gut. Auf dem Gebiet der Armbanduhren traute er jedoch meinem Designbüro keine Erfolge zu, was er mir ganz offen mitteilte. Mein Ehrgeiz war geweckt und ich präsentierte ihm bald darauf über ein Dutzend Entwürfe für neuartige Spangenarmbanduhren, die ihn beeindruckten. Für mich vollkommen überraschend verließ Dr. Strudhoff jedoch kurze Zeit später die Firma Junghans und meine unterbreiteten Vorschläge kamen nicht mehr in die Produktion.

Tischuhr, Firma Junghans, Entwurfsjahr 1971

Dagegen kam der Radiowecker, den ich für die Firma ITT Schaub-Lorenz in Pforzheim gestaltete, rund ein Jahr nach den ersten gemeinsamen Gesprächen auf den Markt. Ziel bei der Gestaltung dieses Radioweckers war ein kompaktes und einfach zu bedienendes Gerät, das primär die Zielgruppe „junge progressive Leute – bis 40 Jahre" erreichen sollte. Um eine deutliche Trennung zwischen Display und Funktionstasten zu erhalten, wurde das Display mit der Zeitanzeige und der Radioskala möglichst hoch angeordnet. Zugleich gewährleistete diese Positionierung das optimale Ablesen eines Wertes aus jeder Stellung. Die wichtigsten Funktionsschalter wurden ergonomisch gut bedienbar auf einem „Bedienpult" positioniert. Die Schalter sind von oben bedienbar, was ein Abrutschen des Geräts verhindert. Um eine gute Klangausbeute des Radioteils zu erreichen, wurde der Lautsprecher in die Frontfläche einbezogen. Um Fehlbedienungen zu vermeiden, beispielsweise durch verse-

Radiowecker, ITT Schaub-Lorenz, Entwurfsjahr 1978

hentliches Berühren der Tasten zur Zeiteinstellung, wurden diese hinter einer Klappe angeordnet. Diese groß dimensionierte Klappe erfüllte gleichzeitig die Funktion „Alarm stop" durch einfaches Drücken. Auf der rechten Seite des Gerätes sind sämtliche Bedienelemente für die Radiofunktion angeordnet. Entsprechend erscheint die Radioskala logisch zugeordnet auf der rechten Seite im Display. Die Grafik für den Lautstärken-Drehknopf ist so angebracht, dass die durch Zahlen gekennzeichnete Einstellung auch von vorne deutlich abgelesen werden kann. Die hohe technische Anmutung des Radioweckers war speziell auf die Zielgruppe bezogen.

Radiowecker, ITT Schaub-Lorenz, Entwurfsjahr 1978

Neue Wünsche für Küche und Haushalt

Im Jahr 1969 nahm ich die Gestaltung von Kochtöpfen wieder auf, mit der ich mich insbesondere am Anfang meiner Designtätigkeit beschäftigt hatte. Ein besonders interessantes Aufgabengebiet mit ungelösten Problemen schienen mir die Schnellkochtöpfe zu sein. Diese wurden damals von den Hausfrauen als echte Arbeitserleichterung gerne gekauft, da sie vitaminschonend die Garzeit erheblich verkürzten. Meinem Team und mir war schon lange bewusst, dass die Küche der größte Arbeitsplatz der Welt ist, der jedoch bei der Produktentwicklung oft stiefmütterlich behandelt wird.

Einer der Produzenten von Schnellkochtöpfen war die Firma Silit. In den späten 1960er-Jahren war das Problem aller Schnellkochtöpfe immer noch nicht gelöst. Es passierte immer wieder, dass vor dem Öffnen des Deckels der Kochtopf nicht entlüftet wurde, da beispielsweise das Entlüftungsventil verstopft war und auch das zusätzliche Schmelzventil ausfiel. Wurde nun der Deckel, der über einen Bajonettverschluss mit dem Topf verbunden war, gewaltsam geöffnet, flog das gesamte Essen unter Druck aus dem Topf. Die daraus resultierenden Unfälle führten nicht selten dazu, dass aufgrund der gesetzlichen Produkthaftung Ansprüche gegenüber Silit gestellt wurden. Auch war dieses bekannte Problem für den Absatz der Schnellkochtöpfe nicht förderlich.

Meine Lösung des Problems war ebenso simpel wie effektiv. Ich verband das Entlüftungssystem direkt mit dem Öffnungssystem. Die Entlüftung erfolgte nun automatisch immer vor dem Öffnen des Deckels. Diese Maßnahme hat dem Schnellkochtopfabsatz außerordentlich gutgetan.

Der Schnellkochtopf Sicomatic

Die Geschichte des Schnellkochtopfes nahm bereits im 17. Jahrhundert ihren Anfang; den ersten modernen Schnellkochtopf brachte in Deutschland die Firma Silit im Jahr 1927 auf den Markt. Er trug bereits den bekannten Namen Sicomatic, wurde von den meisten allerdings als „Siko" bezeichnet – die Kurzform von Sicherheitskochtopf. Zunächst wurden diese Kochtöpfe ihrem Namen jedoch nicht immer gerecht und so mancher Hausfrau flog das Essen um die Ohren, wenn sie vor dem Öffnen des Deckels den Topf nicht entlüftet hatte.

Schnellkochtopf Sicomatic-S, Silit, hergestellt seit 1974

Ihren Siegeszug traten die Kochtöpfe daher erst an, als dieses Problem behoben werden konnte.

Die Hausfrauen schätzten vor allem die Arbeitserleichterung beim Kochen, da sich die Zubereitungszeit bei Gebrauch eines Schnellkochtopfs erheblich verkürzte. Da immer mehr Frauen berufstätig waren, hatten diese oftmals gar nicht mehr die Zeit, den halben Vormittag in der Küche zu verbringen. Doch auch mit den weiteren Eigenschaften des Schnellkochtopfs traf Silit ganz den Geist der damaligen Zeit. Ein neues Gesundheitsbewusstsein ging mit einer

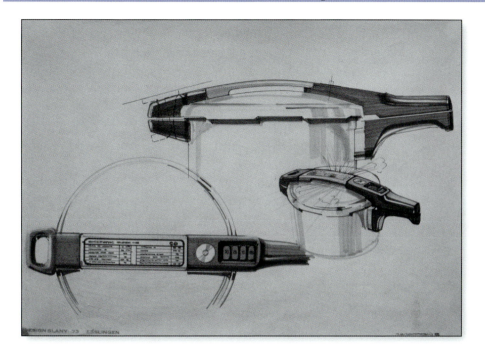

Schnellkochtopf, Silit, Entwurfszeichnungen

besseren Ernährungsaufklärung einher und verlangte nach einem schonenden, vitamin- und mineralstofferhaltenden Garen, was der Schnellkochtopf bieten konnte. Gesundes und kreatives Kochen ohne Chemie, dafür aber mit vielen naturbelassenen Zutaten, wurde von vielen als Teil ihrer Lebenseinstellung verstanden, ebenso verbreitete sich das Beachten von ökologischen Grundsätzen in immer weiteren Bevölkerungsschichten.

Allen diesen veränderten Verbrauchereinstellungen, Konsum- und Verhaltensweisen trug Silit Rechnung, und entsprechend groß war die Verbreitung des Sicomatics in deutschen Haushalten.

Schnellkochtopf, Silit, entlüftet automatisch vor dem Öffnen des Deckels

Des Weiteren entwickelte ich für Silit einen neuen Wasserkessel. Im Gegensatz zu den Wasserkesseln von Menesa und Ritter, die beide für den Gebrauch auf Öfen oder Gasherden entwickelt worden waren, stellt der Wasserkessel von Silit mit der verstärkten Bodenplatte eine Fortentwicklung speziell für Elektroherde dar.

Wasserkessel (von links nach rechts) von Menesa (1963), Ritter (1963), Silit (1966)

Bei der Silit Pfanne griff ich dagegen auf die Idee zurück, die ich schon einige Jahre vorher beim Stahlwarenverband populär gemacht hatte: Den Deckel der Pfanne gestaltete ich als Servierpfanne. Man konnte dadurch die Speisen, die in der Pfanne zubereitet wurden, im Pfannendeckel auf dem Tisch servieren.

Doch auch die Vermarktung ganz normaler Kochtöpfe wurde immer schwieriger. Ich hatte für Silit ein interessantes neues Kochgeschirr entwickelt, das etwas teurer als die bisherigen Kochgeschirre war. Dadurch gestaltete sich die Markteinführung unerwartet schwierig.

Pfanne mit Deckel, Silit, Entwurfsjahr 1970

Ich musste eine Lösung finden, wie man die Aufmerksamkeit insbesondere der Hausfrauen auf diese neuen Kochtöpfe lenken konnte. Da erfahrungsgemäß das Interesse der Kunden nicht besonders groß war, wenn lediglich ein neues Kochgeschirr in den Geschäften präsentiert wurde, schlug ich einen Trick vor. Im Schaufenster des bestverkaufenden Geschäftes wurde ein goldener Kochtopf gezeigt. Dieser erregte sofort die Aufmerksamkeit der Kundinnen und lockte sie in die Geschäfte. Als ihnen die eigentlich schwarzen Kochtöpfe dann im Geschäft gezeigt wurden, waren sie zunächst enttäuscht. Zumindest aber hielten sie sich zu diesem Zeitpunkt bereits im Geschäft auf und hatten erkannt, dass es etwas Neues gab.

Kochgeschirrserie „Diner", OMF, Entwurfsjahr 1970

Es lag nun an den Verkäufern, das moderne Kochgeschirr richtig zu präsentieren und die potenziellen Kundinnen mit guten Argumenten zu überzeugen.

Der Trend hin zur gesunden Ernährung spielte nicht nur bei den Kochtöpfen eine immer größere Rolle, auch die Grills wurden von den Kunden immer häufiger nach diesem Gesichtspunkt ausgewählt. Für die Firma EMKA, Moderne Küchentechnik GmbH in Beuren, gestaltete ich ab 1974 verschiedene neue Kontaktgrills, die das fettfreie Braten ermöglichten. Um eine rationelle Fertigung zu gewährleisten, blieb

Goldener Kochtopf, Firma Silit, Entwurfsjahr ca. 1982

Kompaktgrill 83, EMKA, Entwurfsjahr 1976

das Grundgerüst der verschiedenen Grills immer gleich, lediglich die Platten mussten individuell angepasst werden.

Den Vertrieb der EMKA-Produkte übernahm einer meiner anderen Kunden, die Firma Progress Verkauf. Deren Produktionsfirma Progress Elektrogeräte hatte zuvor ihre Produktlinie hauptsächlich auf die sehr erfolgreichen Staubsauger beschränkt. Bereits 1973/74 ebbte der Staubsaugerboom jedoch merklich ab, und um den umfangreichen Vertriebsapparat von Progress Verkauf besser auszulasten, erweiterte die Verkaufsgesellschaft ihr Produktsortiment mit den Küchengeräten von EMKA und Haushaltsgeräten weiterer Produktionsfirmen.

Auf eine gänzlich andere Zielgruppe waren die Produkte der belgischen Firma Nova abgestimmt. Die zahlreichen Gastarbeiter gewannen auf dem deutschen Markt immer stärker an Bedeutung und die Firmen gingen auf ihre Bedürfnisse ein. Speziell für diese Zielgruppe entwickelte die Firma Nova zusammen mit meinem Team eine kleine, leistungsfähige und einfach zu bedienende Waschmaschine.

Auf dieselbe Zielgruppe wurde auch die neue große Friteuse zugeschnitten, die auf die Essgewohnheiten vieler Gastarbeiter eingehen sollte.

Elektrische Friteuse Nr. 2800, Nova, Entwurfsjahr 1992

Die kleine Waschmaschine

Mit dem deutsch-italienischen Anwerbeabkommen aus dem Jahr 1955 kamen als erste Gastarbeiter – der Begriff hatte sich seit den frühen 1960er-Jahren etabliert – zahlreiche Italiener in die BRD, denen nur wenige Jahre später Griechen, Spanier, Türken und viele andere Ethnien folgten. Dadurch entstand eine neue Verbrauchergruppe, die sich meist durch ein geringeres Einkommen und einen begrenzten Wohnraum von deutschen Familien unterschied. Die Unterkünfte der Gastarbeiter waren meist beengt, da sie in Behelfsunterbringungen oder firmeneigenen Wohnheimen untergebracht wurden. Erst zu Beginn der 1970er-Jahre verbesserte sich ihre Wohnsituation etwas, als erstmals verbindliche Standards geschaffen wurden. Für die Elektrogerätehersteller bedeutete diese Zielgruppe einen neuen großen Markt, den es zu bedienen galt. Die wichtigsten Eigenschaften, die beispielsweise Waschmaschinen für Gastarbeiter besitzen mussten, waren der geringe Platzbedarf und ein günstiger Preis; die Effektivität beim Waschen war zweitrangig. Aus diesen Überlegungen heraus entstanden Kleinwaschmaschinen, die beispielsweise die Firma Nova in großem Umfang auf den Markt brachte.

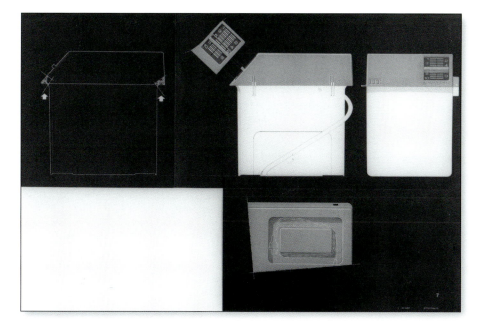

Kleine Waschmaschine, Nova, Entwurfsjahr 1990

Mit der Zeit näherten sich jedoch die Wohnverhältnisse von deutschen und Gastarbeiter-Familien immer mehr an und Kleinwaschmaschinen sollten nun auch für die deutschen Verbraucher interessant werden. Nova bewarb seine Produkte schließlich als ideal für Campingurlaube, Ferienhäuser, als kleines Zweitgerät für Babywäsche oder für andere Situationen, in denen schnell und unkompliziert kleine Mengen an Wäsche gereinigt werden mussten.

Insbesondere für den US-amerikanischen Markt war dagegen die Spätzle-Schabemaschine bestimmt, die ich 1972 für die Julius Glass KG entwickelte. Zahlreiche männliche Schwaben, die in die USA ausgewandert waren, teilten in dieser Zeit dasselbe Problem: Ihre amerikanischen Ehefrauen konnten keine Spätzle schaben. Um den Schwaben auch in ihrer neuen Heimat ihr Grundnahrungsmittel nicht vorzuenthalten, wurde die Spätzle-Schabemaschine entwickelt.

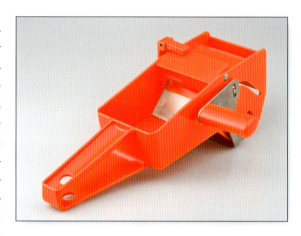

Spätzle-Schabmaschine, Firma Julius Glass KG, Entwurfsjahr 1972

Der Traum vom Fliegen

Mein Interesse galt schon früh allen Arten von Transportmitteln, insbesondere aber den Autos und Flugzeugen. Bereits vor meiner Selbstständigkeit hatte mich diese Faszination in die Stylingabteilung von Daimler-Benz geführt. Nun bestand eine weitere interessante Aufgabe in der Mitarbeit bei der Entwicklung der Reisemaschine 207 der Firma Bölkow. Der Vorgänger dieses Flugzeugs war eine von Klemm entwickelte Verbindungsmaschine der deutschen Wehrmacht.
Die Bölkow 207 war eine der ersten größeren Reisemaschinen, die nach dem Zweiten Weltkrieg in Deutschland produziert wurden, und sollte insbesondere Geschäftsreisende befördern. Sie bot Platz für vier Personen,

Reisemaschine, Bölkow, Entwurfsjahr 1960

konnte eine Reisegeschwindigkeit von 235 Kilometer pro Stunde erreichen und besaß eine Reichweite von 1300 Kilometer. Ich arbeitete an der Gestaltung des Cockpits mit. Zunächst versah ich die Fläche mit den Instrumenten mit einer Abdeckung, sodass nur noch die Instrumente selbst sichtbar waren, nicht aber Schrauben oder Ähnliches, das nur zur Verwirrung des Piloten geführt hätte. Diese Maßnahme machte das Cockpit sehr viel übersichtlicher, sodass auch weniger professionelle Piloten – wie die Chefs – die Maschine selbst fliegen konnten. Die Gestaltung des Steuerknüppels hat mir dagegen sehr viel Mühe bereitet. Seine traditionell gerade Bauweise führte auf dem zweiten Sitz im Cock-

Reisemaschine, Bölkow, Entwurfsjahr 1960

Vielfalt führt zum Erfolg – Die Kunden meines Designbüros

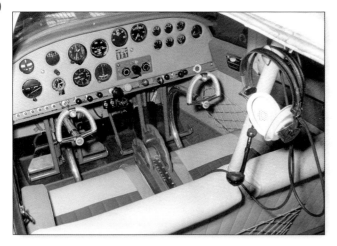

Reisemaschine, Bölkow, Entwurfsjahr 1960

pit zu eingeschränkter Beinfreiheit, was die oftmals mitfliegenden Sekretärinnen nicht besonders schätzten. Ich fügte daher in den Steuerknüppel eine Rundung ein, die zu sehr viel mehr Bewegungsfreiheit führte und besonders den Beifall der Damen fand.

Vor meiner Tätigkeit für Bölkow war in Deutschland meines Wissens noch nie ein freischaffender Designer an der Gestaltung eines Flugzeuges beteiligt gewesen. Ich betrat also wie so oft vollkommenes Neuland.

Reisemaschine, Bölkow, Entwurfsjahr 1960

Design greift auf technische Produkte über

Von den frühen 1960er-Jahren an legte ich mein Hauptaugenmerk immer stärker auf die Gestaltung technischer Produkte, bei der ich meine Kenntnisse als Ingenieur ideal einbringen konnte. Neben der Cockpit-Gestaltung der Bölkow Reisemaschine entwarf ich für Bölkow Apparatebau einige technische Geräte. Der größte Erfolg war hierbei die sogenannte „Conferette", ein Aktenkofferbandgerät aus dem Jahr 1958. Es war zu dieser Zeit eines der kleinsten Tonbandgeräte und wurde von Neckermann vertrieben.

Im Jahr 1962 bot ich der Firma Kärcher meine Mitarbeit als freier Gestalter an und erhielt bald darauf den ersten Auftrag. Die erfolgreiche Zusammenarbeit wird heute von Teams Design weitergeführt und hält damit seit über fünf Jahrzehnten an. Für diese Firma waren von Anfang an Produkte mit hohem Bedienungskomfort verbunden mit technischer Anmutung besonders wichtig, die zu marktgerechten Preisen hergestellt werden konnten.

Conferette, Bölkow Apparatebau, Entwurfsjahr 1957

Kurz vor Beginn meiner Arbeit starb der Inhaber Alfred Kärcher überraschend und wir alle befürchteten, dass seine Firma künftig nur noch eine zweitklassige Rolle im Markt spielen würde. Seine

Stationäre Hochdruckreiniger der Reihe DE, Kärcher, Entwurfsjahr ca. 1963

Fahrbarer Hochdruckreiniger HD 1000 Si, Kärcher, Entwurfsjahr ca. 1980

Witwe belehrte uns jedoch eines Besseren. Energisch übernahm Irene Kärcher die Firmenleitung und baute als erste Maßnahme die Entwicklungsabteilung aus. Auch der Sohn der Familie Kärcher unterstützte seine Mutter tatkräftig im Betrieb. In dieser ersten Zeit war ich besonders stark bei Kärcher engagiert. Die Firma hatte ihren Schwerpunkt bei den Hochdruckreinigern und gehörte bald zu den Marktführern auf diesem Gebiet. Nachdem ich bereits zahlreiche Dampferzeuger und Heißwasserhochdruckstrahler entworfen hatte, folgte 1977 die gestalterische Entwicklung des tragbaren Hochdruckreinigers GD 500. Er sollte klein und preiswert sein und damit insbesondere für Handwerk und Gaststätten, aber auch für Privatleute mit Swimmingpool oder mehreren Autos attraktiv sein. Teil der Jahresauswahl 1980 des Designcenters Stuttgart war dagegen der kleine Hochdruckreiniger HD 800 SL. Ziel war es, ein kompaktes und bedienfreundliches Gerät mit einer logisch aufgebauten und ansprechenden Form zu entwickeln. Hierzu wurde die allgemeine Grundform so ausgelegt, dass die Bedienfläche für den Benutzer sofort identifizierbar war. Der Benutzer hatte durch den Knick auf Anhieb das Gefühl, die Bedienfläche gut zu erreichen. Die Kennzeichnung der Bedienfläche erfolgte durch weiche, reinigungsfreundliche Rippen, die zugleich das Bedienfeld optisch heraushoben. Die Räder wurden in das Gehäuse sichtbar eingelassen, um eine kantige, plumpe Wirkung zu vermeiden.

Bis zu meinem Ausscheiden aus der GmbH gestaltete ich mit meinem Designteam über 200 Geräte, darunter den Puzzi HH, einen SB-Autosauger und eine Nutzfahrzeug Waschanlage. Die Firma konnte sich mit diesen Produkten erfolgreich im Markt durchsetzen. Unsere Kärcherprodukte erhielten über 70 nationale und internationale Designauszeichnungen. Beispielsweise wurde der Waschsauger „Puzzi" vom Fachverband Konsum-Waren in Frankfurt am Main zum „Produkt des Jahres 1987" im

Der Produktbereich Konsumgüter

Funktionsbereich „Technische Konsumgüter" benannt.
In der Zeit unserer Zusammenarbeit mit Kärcher entwickelte sich das einst mittelständische Unternehmen mit 17 Millionen DM Jahresumsatz zu einem Großunternehmen mit rund einer Milliarde Jahresumsatz, 16 Auslandsgeschäftsstellen und Exporten in fast alle Länder der Welt. Mittlerweile gilt Kärcher als einer der weltgrößten Hersteller von Hochdruckreinigern.

Technische Produkte vollkommen anderer Art produzierte die Firma Eberspächer. Die ersten Kontakte mit Eberspächer ergaben sich durch einen Designwettbewerb des Rats für Formgebung, bei dem eine Omnibushaltestelle entwickelt werden sollte.

Puzzi S, Kärcher, Entwurfsjahr ca. 1980

1968 konnte ich mit Eberspächer einen Einjahresvertrag abschließen, der die Überarbeitung fast aller Produkte durch mein Designbüro vorsah. Insbesondere das Fahrzeugheizprogramm benötigte eine formgestalterische Überarbeitung.

Die Geschäftsleitung des Radiotechnischen Werks Richard Hirschmann lernte ich bei einem ersten Besuch im Februar 1970 kennen. Meine erste Aufgabe bestand in der formgestalterischen Bearbeitung einer Zimmerantenne. Es folgten verschiedene weitere Produkte, wie eine elektronische Autoantenne und eine komplette Alarmanlage für den privaten Bereich. Letzteres war ein vollkommen neues Produkt

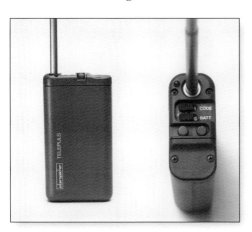

Funkfernschaltung für Autoheizungen „Telepuls", Eberspächer, Entwurfsjahr 1976

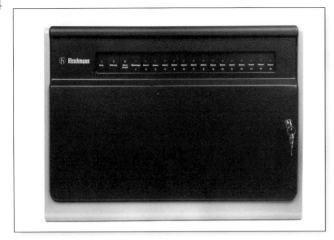

für die Firma Hirschmann, mit dem sie auf die Anforderungen des Marktes in jener Zeit reagierte. Die Sicherheit der Menschen und ihrer Besitztümer wurde damals zu einem wichtigen Thema.

Die Firma Pilz KG hatte sich auf die Herstellung von Zeitrelais und anderer elektronischer Geräte wie Schaltgeräte und Steuersysteme spezialisiert. Sie profitierte insbesondere von einer Gruppe engagierter Entwickler und Mitarbeitern aus dem Vertrieb, die der Firma gemeinsam zu einer sagenhaften Entwicklung verhalfen. Mein erster Auftrag bestand in der formgestalterischen Entwicklung einer neuen Zeitrelais-Generation. Auf der Suche nach neuen Produkten kam auch ein Schachcomputer in die engere Auswahl. Seine Gestaltung war eine interessante Aufgabe für mich, obwohl er danach nicht in die Produktion ging. Von den vielen Persönlichkeiten der Pilz KG ist mir insbesondere Renate Pilz als bemerkenswerte und sehr aktive Unternehmerin in lebendiger Er-

Alarmanlage, Richard Hirschmann, Entwurfsjahr 1976

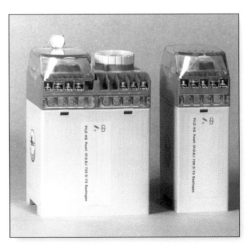

Fernbedienung für Zeitrelais, Pilz KG, Entwurfsjahr 1976

Elektrisches Schaltgerät, Pilz KG, Entwurfsjahr ca. 1974

innerung geblieben. Sie hatte bei einem tragischen Flugzeugabsturz ihren Mann verloren, der auf dem Weg zur Leipziger Messe war. Sie schloss diese große, durch den plötzlichen Tod ihres Mannes im Unternehmen entstandene Lücke sehr energisch. Sie arbeitete sich intensiv in die Materie der Firma ein und vertrat bereits nach sehr kurzer Zeit die Gesellschafter. Die Pilz KG konnte weiterhin große Erfolge verzeichnen.

Zwei Jahre nach Beginn der Zusammenarbeit mit der Pilz KG nahm die Agria-Werke GmbH, Maschinen zur Bodenbearbeitung, Rasen- und Straßenpflege, Kontakt zu mir auf. Unser spektakulärstes gemeinsames Produkt war der im 1977 im Design Center Stuttgart ausgestellte Kompaktschlepper Agria-Viking. Folgende Überlegungen führten zum erfolgreichen Design des Agria-Viking: Ein Schlepper gehört zu den langlebigen Wirtschaftsgütern. Um eine zeitlos klare Linie zu erhalten, verzichteten wir bewusst auf jegliche modische Gags. Der Agria-Viking-Kompaktschlepper war ein außerordentlich robustes und zuverlässiges Fahrzeug. Es war unser Ziel, diese Eigenschaften auch äußerlich ablesbar zu machen. Die Farbkombination Schwarz-Orange ist beispielsweise auf dieses Ziel abgestimmt. Funktionelle und ergonomische Forderungen, wie die Übersichtlichkeit des Armaturenbretts, ein funktionsrichtiger Fahrersitz, Unfallsicherheit und Servicefreundlichkeit hatten absoluten Vorrang und sind Bestandteil des Industriedesigns. Der Schlepper soll dem Benutzer in seinem äußeren Erscheinungsbild Freude machen. Auch das gehört zur Humanisierung der Arbeitswelt.

Kompaktschlepper Viking, Agria-Werke, Entwurfsjahr 1976

Trotz aller oben beschriebenen Forderungen und Vorstellungen ist ein Arbeitsgerät entstanden, das nicht wie gewollt aussieht, sondern wie eine gut gewordene Form, die sich in die Umwelt wie selbstverständlich einordnet und doch genügend Originalität besitzt, um sich von Wettbewerbern auf Anhieb zu unterscheiden.

Gutes Design schafft auch Erleichterung bei Bürotätigkeiten

Der Arbeitsplatzgestaltung widmete ich seit jeher große Aufmerksamkeit. Es lag daher nahe, auch bei der Gestaltung von Büroarbeitsplätzen tätig zu werden, sei es über Büroartikel oder Einrichtungsgegenstände.
Zunächst gestaltete ich ab 1962 für die Günther Wagner Pelikan-Werke in Hannover einige kleinere Büroartikel wie den Kugelschreiber mit Großraummine „Pelikan-Corvett" oder einen Schülerkugelschreiber.
Für das umfangreiche Programm der Büroorganisationssysteme der Firma Leitz war ich seit Anfang der 1970er-Jahre zuständig. Der Gründer Louis Leitz hatte bereits früh erkannt, dass Aufbewahrungssysteme für Dokumente, die das schnelle Wiederfinden erleichterten, ein tragfähiges Gebiet für eine neue Firma wären. Zuvor wurden sämtliche Schriftstücke meist als freifliegende Blätter und ohne erkennbare Ordnung aufbewahrt. Mit seinen Ordnungssystemen betrat Louis Leitz vollkommenes Neuland. Doch der

Extrem flacher Locher, Entwurf zur Einführung bei Leitz, 1970

Erfolg gab seinen Überlegungen recht, die noch heute maßgeblich für die Produkte von Leitz sind.
Bei meinem ersten Besuch bot ich Leitz einen extrem flachen Locher an, bei dem es sich um eine meiner Eigenentwicklungen handelte. Durch seine flache Form war dieser Locher besonders gut für die Aktentasche geeignet. Aus diesem ersten Kontakt entstand eine über zwei Jahrzehnte dauernde Zusammenarbeit, die zahlreiche erfolgreiche Produkte hervorbrachte.
1977 kam als Ergänzung zum Leitz-Ordnungssystem ein von uns gestaltetes neues Stehsammlerprogramm auf den Markt, das in zahlreichen Bereichen eingesetzt werden konnte. Die Koffer-Aktei „Safety 1997"

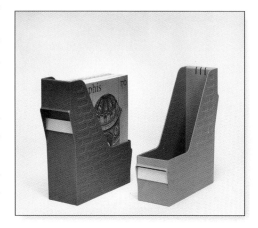

Stehsammler Liliput Aktei 2425, Leitz, Entwurfsjahr 1978

Der Produktbereich Konsumgüter

Briefkorb 5220, Entwurfsjahr 1979, Doppellocher 5012 , Leitz, Entwurfsjahr 1982

ging dagegen auf den neuen Bedarf der Berufsgruppe der Vertreter ein. Diese mussten unterwegs die passenden Akten nicht nur schnell zur Hand haben, sondern sie auch ebenso zügig wieder an den richtigen Platz zurücklegen können.
Der Erfolg der Leitz-Produkte ging nicht zuletzt auf die enge Zusammenarbeit der

Briefkorb 5220, Leitz, Entwurfsjahr 1979

Koffer-Aktei „Safety 1997", Leitz, Entwurfsjahr 1978

Geschäftsleitung, des Verkaufs, der Marketingabteilung und des Entwicklungsteams bei der Neuentwicklung von Produkten zurück. Die zeitlosen und vielfach marktbestimmenden Produkte wurden stets gemeinsam konzipiert.

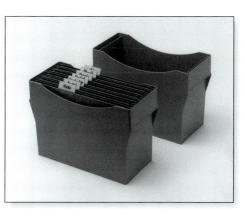

Uni-Box, Leitz, Entwurfsjahr 1978

Im September 1973 bekam ich einen Anruf von Herrn Edding, dem damaligen Firmeninhaber der gleichnamigen Edding AG. Er fragte nach der Möglichkeit einer Faserschreiberentwicklung durch das Slany Designbüro. Mein Interesse an dieser neuen Aufgabe war groß. Bis zu Herrn Eddings erstem Besuch in Esslingen im Oktober desselben Jahres informierte ich mich eingehend über den Markt der neu aufgekommenen Faserschreiber. Laut Herrn Edding war das gesamte Programm an Faserschreibern in Füllfederhalterform stark reformbedürftig, zunächst stand jedoch eine Neuentwicklung zur Debatte. Der Firmeninhaber sah auf dem Markt einen deutlichen Trend zum nicht nachfüllbaren Modell für den privaten Bedarf. Dieser Faserschreiber sollte zum Schreiben, Unterschreiben und Skizzieren genutzt werden und benötigte daher lediglich die Tintenfarben Schwarz, Rot, Blau und Grün. Außerdem musste er preiswert sein, denn nach dem Leerschreiben würde man ihn einfach wegwerfen. Mit dieser Entwicklung begann ich kurz nach Herrn Eddings Besuch. Es folgten ausführliche Briefwechsel und eine lange Entwicklungszeit, bis das richtige unverwechselbare Modell gefunden wurde. Im Anschluss an die eigentliche Designarbeit übernahm mein Designbüro auch die Konstruktionsüberwachung und die Überwachung der Werkzeugherstellung. In der Mitte des Jahres 1975 ging der edding 1700 in der berühmten maisgelben Ausführung schließlich in die Produktion. Die ausführliche Gestaltungsphase sollte sich auszahlen: der Faserschreiber wurde über den langen Zeitraum von über 15 Jahren produziert und in großen Stückzahlen verkauft.

Der edding 1700 in maisgelber Ausführung

In den 1970er-Jahren bekamen Füller und Kugelschreiber eine ernstzunehmende Konkurrenz in Form der neu aufgekommenen Faserschreiber. Die neuen Schreibgeräte wurden sowohl im privaten als auch im beruflichen Bereich gerne genutzt, da sie in der Handhabung einfacher und bequemer als ihre alteingesessenen Vorgänger wa-

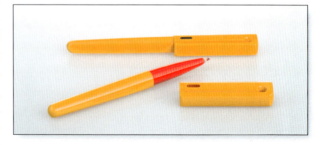

Faserschreiber Edding 1700, Edding, Entwurfsjahr 1974/75

ren. Sie mussten nicht nachgefüllt werden und besaßen dennoch einen optimalen Tintenfluss ohne zu klecksen. Das Schreiben war bequemer und weicher, dennoch wiesen die Faserschreiber eine strichtreue Faserspitze auf und standen damit Kugelschreibern oder Füllern in nichts nach. Diese Eigenschaften schätzten beispielsweise technische Zeichner sehr und auch mein Designbüro konnte immer einen großen Vorrat an Faserschreibern aufweisen. Die Firma Edding erkannte diesen neuen Trend früh und brachte mit dem von mir gestalteten edding 1700 einen durch die maisgelbe Farbe unverwechselbaren Faserschreiber auf den Markt, der das Image der Firma prägte. Heute ist „Edding" sogar zu einem allgemein gebräuchlichen Begriff geworden, der für alle Faserschreiber gebraucht wird.

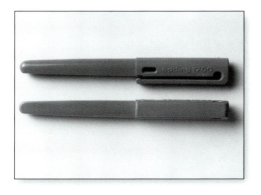

Faserschreiber Edding 1700, Edding, Entwurfsjahr 1974/75

Faserschreiber Pilot Pen, Edding, Entwurfsjahr 1980

Doch nicht nur Büroorganisationssysteme und gut gestaltete Büroartikel machen die moderne Arbeitswelt humaner, auch die richtige Körperhaltung am Arbeitsplatz trägt erheblich dazu bei. Menschen, die Bürotätigkeiten ausüben, verbringen einen großen Teil ihrer Arbeitszeit auf ihrem Bürostuhl sitzend. Dieses Möbelstück verdient daher die besondere Aufmerksamkeit, wenn es um einen humanen Arbeitsplatz und die Vermeidung von Berufskrankheiten geht. Für die Firma Wilde & Spieth entwickelte ich einen reinen Büro- und Arbeitsstuhl nach der Lehre der Ergonomie. Zunächst entstanden Skizzen und ein Sitzmodell, an dem alle Arbeitssituationen nachgestellt und die Anforderungen an den Arbeitsstuhl ermittelt werden konnten.

Die Auswertungen ergaben die Basis für die Gestaltung des ERGOSIT-Drehstuhl-Programms der Firma Wilde & Spieth. Bei diesem reinen Arbeitsstuhl standen formale Dinge im Hintergrund. Die Sitztechnik war entscheidend – und die Frage, wie man dies zu vernünftigen Preisen realisieren konnte. Unser Stuhl besaß eine aktive Stützautomatik, die sich, einmal richtig eingestellt, in jeder Arbeitshaltung der Wirbelsäule anpasste. Der Rücken wurde in ganzer Länge abgestützt, die Rückenmuskulatur entlastet. Die Sitzfläche war unterschiedlich hart gepolstert, damit sie sich optimal dem Körper anpasste. Der spezielle Polsteraufbau verhinderte einen Wärmestau. Auch die Sitzflächenneigung war dreifach verstellbar, die Sitzhöhe konnte mit Servo-Hilfe reguliert werden. Beim ERGOSIT gab es keinen sogenannten „Hemdauszieh-Effekt" – man saß bei jedem Neigungswinkel der Rückenlehne durch den deckungsgleichen Drehpunkt von Stuhl und Mensch automatisch richtig.

Das seit 1976 produzierte ERGOSIT-Sitzprogramm umfasste verschiedene Stühle, beispielsweise den Sekretärinnenstuhl RS 88, den Bürodrehstuhl RS 89 oder den Chefsessel RS 90.[20]

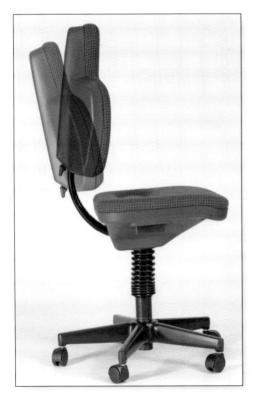

Bürodrehstuhl ERGOSIT, Wilde & Spieth, Entwurfsjahr 1977

Der Bürostuhl ERGOSIT

Obwohl der Mensch seit Jahrhunderten zahlreiche Berufe überwiegend sitzend ausübt, muss dies auf Dauer als unnatürliche Tätigkeit angesehen werden, die zu Haltungsschäden und anderen gesundheitlichen Problemen führen kann. Trotz dieser Tatsache waren selbst Bürostühle lange Zeit reine Möbelstücke, die allenfalls noch bequem sein mussten, ansonsten aber meist nach Äußerlichkeiten ausgewählt wurden.

Das Problem der falschen Sitzgewohnheiten und daraus resultierenden Sitzbeschwerden war daher nicht neu, drang aber durch ein neues Gesundheitsbewusstsein, das auch den Arbeitsplatz umfasste, erstmals in den Vordergrund. Moderne Bürostühle mussten den Menschen vor allem bei seiner Tätigkeit unterstützen, dennoch variabel und beweglich sein und nicht immer in der gleichen starren Position verharren. Das Bürostuhl-Programm ERGOSIT der Firma Wilde & Spieth verband auf neuartige Weise Sitzkomfort und zukunftsweisendes Design dadurch, dass die Form der Funktion folgte und nicht primär modischen Erwägungen unterworfen war. Sinnvolle Verstellmechanismen, eine ergonomisch stark ausgeformte Sitzschale und hochwertige Polstermaterialien, die Wärmestau und Schwitzen vermieden, waren die wichtigsten Eigenschaften der ERGOSIT-Stühle, die in zahlreichen Büros der 1970er- und 80er-Jahre Verwendung fanden.

Entwicklungsmodell für ERGOSIT, Wilde & Spieth, Entwurfsjahr 1976

Vielfalt führt zum Erfolg – Die Kunden meines Designbüros

Chefsessel RS 90 ERGOSIT, Wilde & Spieth, Entwurfsjahr 1977

Bürodrehstuhl ERGOSIT, Wilde & Spieth, Entwurfsjahr 1977

Um Industriedesign in zahlreichen weiteren Bereichen populär zu machen, begann ich, viele Vorträge über die Designarbeit zu halten. Bei diesen Vorträgen hatte ich Overhead-Projektoren der verschiedensten Hersteller zu bedienen und kannte daher bald alle ihre Schwächen. Anders & Kern war eine relativ kleine Firma mit hochmotivierten Entwicklungsingenieuren. Zusammen mit diesen Mitarbeitern entwickelten wir einen neuen Overhead-Projektor, der bei den neuen und alten Kunden der Firma gleichermaßen gut ankam.

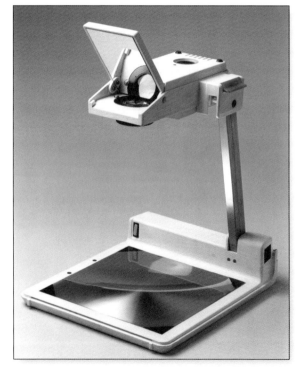

Overheadprojektor A+K portable 300, Anders & Kern, Entwurfsjahr 1985

Der Produktbereich Investitionsgüter

Zu meinem neuen Arbeitsfeld des Investitionsgüterdesigns gelangte ich über das Konsumgüterdesign. Dort gehörte zu meinen Aufgaben oftmals nicht nur die Neugestaltung der Produkte, sondern auch die anschließende Mitarbeit bei der Werkzeugherstellung. Diese Maschinen und damit der gesamte Herstellungsprozess waren meist alles andere als menschenfreundlich. Ich begann daher, den Unternehmen auch Vorschläge für besser gestaltete Werkzeugmaschinen zu unterbreiten, die ein leichteres und problemloses Arbeiten ermöglichten. Der Übergang zum Investitionsgüterdesign war schließlich eine logische Folge.

Eine neue Anmutung für eine altbekannte Drehmaschine

Erste Kontakte zur Werkzeug- und Maschinenfabrik Boley & Leinen ergaben sich bereits im Jahr 1946, als ich direkt nach meiner Ankunft am Esslinger Bahnhof auf Arbeitssuche ging. Boley & Leinen war die zweite

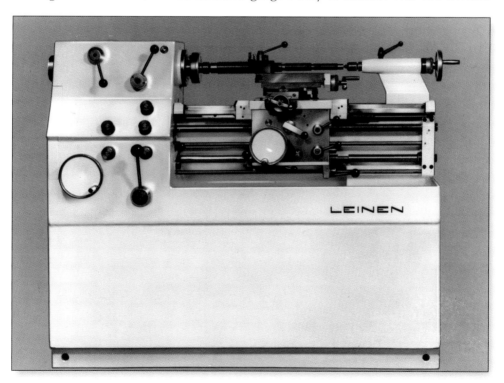

Drehbank, Boley & Leinen, Entwurfsjahr 1961

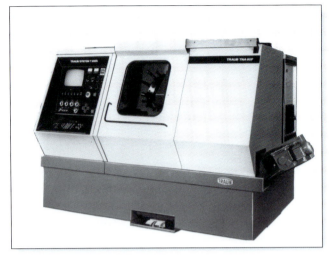

Drehautomat, Traub GmbH, Entwurfsjahr 1977

Firma, die ich zu diesem Zweck aufsuchte, und die erste, die mir Arbeit gab. Für die Fortführung meines Ingenieurstudiums hier in Esslingen benötigte ich praktische Kenntnisse, die ich über die Arbeit an der Maschine erwarb. Damals wusste ich noch nicht, dass ich diese Maschinen einmal gestalten sollte.

Als ich Jahre später erneut an die Firma herantrat, konnte sich Herr Leinen noch an mich erinnern. Dies führte 1960 zur Gestaltung einer Drehbank, bei der ich erste Erfahrungen im Investitionsgüterdesign sammelte. Es handelte sich hierbei um eine der ersten Drehmaschinen, bei der ein Designer zur Entwicklung herangezogen wurde. Durch das von mir vorgeschlagene Design konnte die Maschine als Schweißkonstruktion ausgeführt werden und nicht wie bisher üblich als Gusskonstruktion. Dies hatte erhebliche Kosteneinsparungen bei der Herstellung zur Folge.

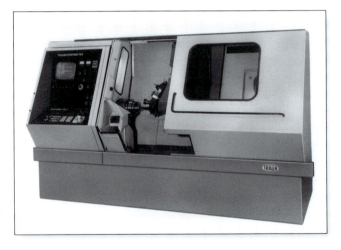

Drehautomat, Traub GmbH, Entwurfsjahr 1979

Dieselbe Fertigungsmethode wandten wir ab 1967 bei den Drehautomaten der Firma Traub GmbH, Maschinenfabrik in Reichenbach/Fils, an. Für diese Firma überarbeiteten wir das gesamte Programm und waren bei allen Neuentwicklungen für das Design verantwortlich.

Heute ist bei Drehautomaten die Schweißkonstruktion allgemein üblich.

Bosch bleibt mein wichtigster Kunde

Im Jahr 1964 dehnte ich meine erfolgreiche Zusammenarbeit mit Bosch auf dem Gebiet des Konsumgüterdesigns auf das Investitionsgüterdesign aus. Herr Rolli war zuständig für die Suche nach geeigneten Kräften, die der Bosch Produktion neue Impulse geben sollten, und vermittelte mir zunächst die Verbindung zu Bosch Fernseh in Darmstadt. Nach und nach wurde ich schließlich auch in den Bereichen Bosch Verpackungsmaschinen sowie Bosch Industrieausrüstung Erbach und Plochingen tätig.

Bei Beginn meiner Zusammenarbeit mit Bosch Fernseh konnte diese Tochterfirma bereits auf eine bewegte Geschichte zurückblicken.[21] Seit der Gründung der Firma Fernseh AG im Jahr 1929 hatte sich Robert Bosch an dieser beteiligt. Er sah bereits früh die großen Zukunftschancen dieses Geschäftsbereichs und es war insbesondere seiner Weitsicht zu verdanken, dass Entwicklungen für das Fernsehen auch finanziell stark unterstützt wurden. Dennoch erwirtschaftete die Fernseh AG vor dem Zweiten Weltkrieg nur Verluste. Bosch hatte bereits zur Olympiade 1936 in Berlin Fernsehkameras entwickelt. Um einer breiten Bevölkerungsschicht den Zugang zu den Übertragungen der Sportereignisse zu ermöglichen, wurden damals die Wiedergabegeräte in sogenannten Fernsehstuben aufgestellt. Die Besucher dieser Fernsehstuben konnten auf den Bildschirmen mit rund einer halben Stunde Zeitverzögerung die Geschehnisse auf dem Sportfeld verfolgen.

Als sich während des Zweiten Weltkriegs die Bombenangriffe auf Berlin häuften, wurden die Arbeiten der Fernseh GmbH 1943 in das kleine Städtchen Obertannwald im Sudetenland verlegt. Kurz vor Ende des Zweiten Weltkriegs schafften es 14 Mitglieder der Fernseh GmbH, vor dem Einmarsch der Russen nach Taufkirchen in Bayern zu flüchten. Nach dem Krieg war es durch die Besatzer zunächst verboten, die Arbeiten am Fernsehen wieder aufzunehmen. Die kleine Gruppe der Fernseh GmbH in Taufkirchen widmete sich daher zunächst der Arbeit für den Hörfunk. Die in Obertannwald verbliebenen Mitarbeiter wurden vertraglich auf eine 10-jährige Zusammenarbeit nach Russland dienstverpflichtet.

1949 war es in Westdeutschland wieder erlaubt, an der Entwicklung des Fernsehens zu arbeiten, und die Fernseh GmbH siedelte sich in Darmstadt an. Sechs Jahre später kamen die dienstverpflichteten Mitarbeiter aus Russland zurück nach Deutschland und suchten sogleich den Kontakt zu ihren Kollegen in Darmstadt. Selbst die zehn Jahre dauernde russische Dienstverpflichtung hatte ihren Entwickler-Enthusiasmus nicht schmälern können, denn sie fragten ihre Darmstädter Kollegen sogleich: „Wo habt ihr denn noch ein freies Zeichenbrett?"

Meine Zusammenarbeit mit der Firma Fernseh GmbH begann im Jahr 1964. In dieser Zeit wurde bei Fernsehkameras erstmals nicht mehr nur Wert auf technische Perfektion gelegt, sondern auch auf ein ästhetisches Äußeres und die Berücksichtigung von ergonomischen Gesichtspunkten. Vor meiner Mitarbeit richtete sich das Erscheinungsbild der Fernsehprodukte lediglich nach ihrer technischen Form. In den folgenden Jahren wurden alle Produkte wie Studio-Farbfernsehkameras und Studioeinrichtungen sowie Fernsehkameras für das angewandte Fernsehen – also Kameras und Aufzeichnungsgeräte für wissenschaftliche Zwecke – von mir und meinem Team gestaltet. Fast alle Einrichtungen und Kameras der deutschen Fernsehanstalten gehen seit 1968 bis in die Achtzigerjahre hinein auf unsere Entwürfe zurück. Die Farbfernseh-Studio-Kamera KCU war in den Achtzigerjahren sogar die meistgebaute Kamera der Welt.

Doch nicht nur in Westeuropa wurde das Farbfernsehen immer populärer, auch Russlands Interesse an den neuen Techniken wuchs beständig. Als die Pläne zur Einführung des Farbfernsehens in Russland konkreter wurden, kam die Frage nach der zu übernehmenden Fernsehnorm auf. Besonders die Franzosen

Farbfernsehkamera KCU, Bosch Fernseh, Entwurfsjahr 1978

bemühten sich stark um die Einführung ihrer Fernsehnorm, des SECAM-Systems, in Russland und schienen lange Zeit auf Erfolgskurs zu sein. Aufgrund der alten Verbindungen Russlands zu den ehemals zwangsverpflichteten Fernsehspezialisten der deutschen Fernseh GmbH fiel die Entscheidung schließlich jedoch zugunsten der deutschen Norm PAL.

Zusammen mit meinen Mitarbeitern entwarf ich im Anschluss das Farbfernsehstudio in Moskau.

Ab dem Zeitpunkt meiner Mitarbeit wurden die Produkte von Bosch

Fernseh immer wieder in Industriedesign-Ausstellungen gezeigt oder in einschlägigen Veröffentlichungen als gelungene Beispiele eines guten Designs genannt.

Dabei war die Arbeit auf diesem Gebiet für mich eine echte Herausforderung. Es gab zwar damals kaum vergleichbare Dinge, die das Leben der Menschen so grundlegend bereicherten und sich so schnell verbreiteten wie das Fernsehen. Es gab aber auch damals nur wenig Industrieprodukte, die auf kleinstem Raum mit so wenig Gewicht, so viel Technik und so zahlreiche Funktionen wie beispielsweise eine Farbfernsehkamera in sich vereinigten. Die Arbeit auf diesem Gebiet bedeutete daher nicht nur eine Herausforderung, sondern auch eine große Chance und war eine Aufgabe, auf die ich nicht verzichten wollte. Im äußeren Erscheinungsbild einer Fernsehkamera das sichtbar zu machen, was an Arbeit von Hunderten von Forschern der verschiedensten Disziplinen wie Ingenieurwissenschaften, Physik und anderen geleistet wurde, ist nur annähernd zu erreichen. Als Designer hatte ich hier das Gefühl, hinterherzulaufen. Die Entwickler sind in ihren Gedanken schon wieder bei der nächsten oder gar übernächsten realisierbaren Stufe des möglichen Fortschritts. Auf vielen anderen Gebieten ist es in der Regel umgekehrt.

Auch der Kameramann, der für seinen Beruf besondere Eigenschaften besitzen muss, stellt hohe Anforderungen an sein Arbeitsgerät. Es ist für ihn das technische Hilfsmittel, mit dem er seine Vorstellungen unkompliziert und schnell realisieren kann. Ergonomie – Anpassung eines Arbeitsgeräts an den Menschen – ist eine selbstverständliche Voraussetzung. Nur die ergonomisch richtige Platzierung aller Primärbedienteile gewährleistet eine einwandfreie Bildführung. Der schnelle Zugriff zur Elektronik, leichter Objektivwechsel und die Möglichkeit eines sicheren und bequemen Transportes sind wichtige Forderungen an das Produkt, die den Designentwurf mitbestimmen.

Ich verleugne nicht, dass ich sehr beeindruckt war – und auch heute noch bin –, als ich 1964 bei den ersten Gesprächen mit den Verantwortlichen der Fernseh GmbH erfuhr, dass viele der Gesprächspartner seit Beginn ihrer beruflichen Tätigkeit bereits bei der Grundlagenforschung des Fernsehens dabei waren und für die erste spektakuläre Vorstellung des deutschen Fernsehens bei der Olympiade 1936 in Berlin nicht nur die Geräte entwickelten, sondern auch aktiv die Kamera bei den Sportveranstaltungen bedienten. Erst durch ihre Pionierarbeit war es möglich, das Fernsehen so weit zu vervollkommnen, dass es einer breiteren Bevölkerungsschicht zugänglich gemacht werden konnte. Überhaupt war für mich der Gedanke beeindruckend, dass diese Männer über Jahrzehnte forschten, ohne zu wissen, ob ihre Entwicklungen überhaupt einmal realisierbar würden. Man merkte, dass ihr Leben und auch das ihrer Familien durch die Arbeit an der Fernsehentwicklung geprägt war. Dies wurde mir bei der feierlichen Verabschiedung von Herrn Tschau, der lange Jahre der Konstruktionsleiter der mitteldeutschen Gruppe war, bestätigt. Ich saß neben Frau Tschau, mit der ich mich angeregt unterhielt. Sie erzählte mir ein bisschen von ihrem Leben an der Seite ihres Mannes, das sehr sprunghaft und aufregend war. Die ständige Tätigkeit ihres Mannes für das Fernsehen verursachte jedoch auch Schattenseiten. Ihre gemeinsamen Kinder wurden beispielsweise in Russland eingeschult und mussten nach zehn Jahren auf eine deutsche Schule wechseln, nachdem die Dienstverpflichtung in Russland endete. Das Resümee unseres Gesprächs war, Frau Tschau würde nie wieder einen Fernsehmann heiraten.

Von Anfang an war mir klar, dass es nur in einer ganz engen Zusammenarbeit gelingen konnte, den Geräten die Anmutung zu geben, die diese hochwertige Technik beansprucht. Beim Erscheinungsbild beispielsweise einer Fernsehkamera muss etwas vom Zeitgeist, der in diesen Tagen wesentlich durch das Fernsehen mit beeinflusst war, ablesbar sein. Die größte Überraschung für mich war die Sachlichkeit und die Selbstverständlichkeit, mit der die anstehenden Designprobleme diskutiert werden konnten und wie diese eine weitere Stimme – Design – in einem Team von Wissenschaftlern, Ingenieuren und Spezialisten angenommen wurde. Trotz der entscheidenden eigenen Leistungen war keine Spur von Arroganz zu spüren, vielmehr bemühten sich alle gemeinsam um die bestmögliche Designlösung. Die Farbfernsehkamera KCU war der sichtbare Beweis dieses erfolgreichen Bemühens.

Fernsehkamera zur Olympiade 1972 von Bosch

An die letzten Olympischen Spiele auf deutschem Boden – 1936 in Berlin – wollte sich Ende der 1960er-Jahre keiner mehr erinnern. Umso mehr sah der damalige Bundeskanzler Willy Brandt in den Olympischen Sommerspielen 1972 in München die Chance, der Weltöffentlichkeit das moderne Deutschland vorzustellen. Die Begeisterung über dieses besondere Ereignis für Deutschland erstreckte sich über breite Bevölkerungsschichten, alle freuten sich auf heitere Spiele, erfüllt vom olympischen Geist. Um einer möglichst großen Zahl von Zuschauern das hautnahe Miterleben der sportlichen Wettkämpfe zu ermöglichen, musste insbesondere die Fernsehübertragung reibungslos funktionieren. Für die Kameraleute ergab sich im neu errichteten Münchner Olympiastadion allerdings ein großes Problem. Der Kameraturm war so eng konstruiert, dass nur ein einziger Mann die schwere und sperrige Fernsehkamera eine steile Leiter hinauf balancieren musste und auch noch für die komplizierte Bedienung derselben zuständig war. Diese Arbeit war in jedem Fall sehr gefährlich und eigentlich fast unmöglich. Dennoch sollte der Sport möglichst aktiv eingefangen werden, was bei der Bosch Fernseh GmbH den Anlass zur Weiterentwicklung der sperrigen Studiokameras gab. Da wir die tragbare Fernsehkamera nicht leichter machen konnten, teilten wir den Apparat einfach. Der Kameramann auf der steilen Leiter erhielt nur noch die reine Optik und jene Bedienelemente, die er persönlich bedienen musste. Ein zweiter Mann war für den Rest zuständig, der in einer Art Koffer verstaut wurde und von unten bedient werden konnte. Beide Teile der Fernsehkamera verband ein langes Kabel miteinander. Eigentlich waren von diesem neuen Kameramodell lediglich zwei Prototypen für die Olympiade 1972 geplant, das neue Prinzip konnte jedoch so gut überzeugen, dass am Ende 120 Bestellungen eingingen.

ARD und ZDF sendeten insgesamt rund 230 Stunden lang die Olympischen Spiele und Millionen Deutsche konnten die sportlichen Wettkämpfe vor dem Fernsehbildschirm live miterleben. Neben diesen positiven Erinnerungen ist die Olympiade 1972 in München heute aber auch untrennbar mit der Geiselnahme und Ermordung israelischer Athleten verknüpft.

Auch die Bedienung der konventionellen Fernsehkameras war für die Fernsehleute kompliziert und umständlich. Das gesamte Gewicht des Apparats ruhte auf einer Schulter des Kameramanns. Sein Rücken wurde dadurch so stark belastet, dass sich bald Rückenschmerzen und Verkrümmungen einstellten. Um ihr

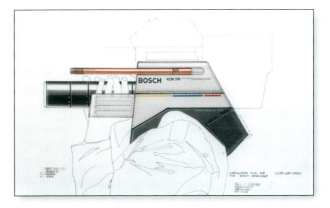

Entwurfszeichnung einer tragbaren Fernsehkamera KCM 318, Entwurfsjahr 1985

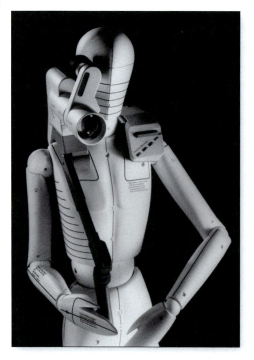 

Modell zur tragbaren Fernsehkamera (Gewichtsverteilung auf beide Schultern), Bosch Fernseh, 1985

Modell zur tragbaren Fernsehkamera (Gewichtsverteilung auf beide Schultern), Bosch Fernseh, 1985

Gewicht gleichmäßig auf beide Schultern zu verteilen, setzte ich die Kamera auf ein kragenähnliches Gestell. Der Kameramann konnte nun ohne große Mühe gerade stehen und sein Rückgrat wurde geschont. Bald schon war diese neuartige Ausführung jedoch überholt, da die möglich gewordene Minimalisierung der Technik die Kameras an sich leichter machte.

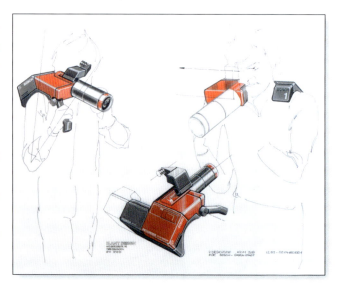

Entwurfszeichnung für tragbare Kamera auf beiden Schultern, Bosch Fernseh, 1985

Der Produktbereich Investitionsgüter

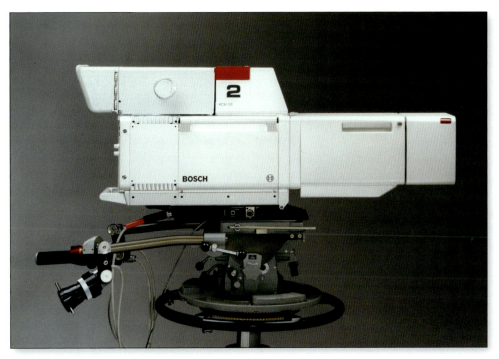

Farbfernsehkamera KCM, Bosch Fernseh, Entwurfsjahr 1985

1969 begann meine Zusammenarbeit mit einer weiteren Tochterfirma der Robert Bosch GmbH, den Bosch Verpackungsmaschinen. Die Firma war zu dieser Zeit der weltweit größte Hersteller für Verpackungsmaschinen. Durch den Aufkauf vier verschiedener Firmen, die ursprünglich Konkurrenten waren, besaßen die Maschinen jedoch zunächst ein sehr unterschiedliches Erscheinungsbild. Die Geschäftsleitung und die Entwicklungsabteilung der Bosch Verpackungsmaschinen entschieden daher, die Maschinen aller zu diesem Geschäftsbereich gehörenden Fabriken nach einheitlichen Designkriterien zu gestalten.[22] Diese Aufgabe bedeutete eine große Herausforderung, denn die vier Produktbereiche entwickelten und produzierten an insgesamt neun Standorten und von ihrer Gesamtbelegschaft waren allein etwa 300 Mitarbeiter – vorwiegend Konstrukteure – in der Entwicklung tätig. Nach einem informativen Gespräch beauftragte mich Bosch, Vorschläge für die Lösung dieses Problems zu unterbreiten. Unterdessen hatte ich bereits Werkzeugmaschinen für verschiedene andere Firmen entworfen. Es handelte sich dabei jedoch um Maschinen, die meist in großen Losgrößen hergestellt wurden. Eine Verpackungsmaschine, besonders eine komplizierte Verpackungsstraße, hatte ich vorher noch nie bewusst in Betrieb erlebt. Hinzu kam, dass die

Maschinen sehr unterschiedlich waren. Sie mussten beispielsweise Bonbons aus einer Zuckermasse herstellen und in einer für mich unerhörten Geschwindigkeit verpacken. Eine andere Maschine füllte Waschpulver ab, die nächste musste antiseptische Glasampullen mit Injektionsmaterial füllen und die Ampullen gleichzeitig im Glasschmelzverfahren verschließen. Anschließend wurden sie von derselben Maschine in Kartons verpackt. Auch Magenbitter wurde in Fläschchen verpackungsfertig ausgestoßen. Nur um eine Vorstellung der Geschwindigkeit zu geben: Ich erinnere mich, dass es rund 800 Magenbitterfläschchen in einer Minute waren. Kein Fläschchen durfte dabei kaputtgehen, da sonst die Maschine im Ablauf entscheidend gestört worden wäre. Ich war beeindruckt über die Leistung, das Know-how und Engagement der Konstrukteure und Entwicklungsingenieure.

Verpackungsmaschinen standen, wie die meisten Investitionsgüter, in einem harten Konkurrenzkampf. Das Preis-Leistungs-Verhältnis wurde vom Käufer genauestens geprüft und mit Wettbewerbsangeboten verglichen. Außerdem wurden vom Kunden leichte Bedienbarkeit und ein möglichst geringer Geräuschpegel der Maschine verlangt. Die Anlagen, die häufig von ungelernten Kräften bedient wurden, durften in ihrer Anmutung mindestens im Bedienbereich nicht kompliziert und „feindlich" wirken. Die Bedienung sollte leicht durchschaubar sein und es sollte keine Angst vor der Maschine aufkommen. Das Design musste diese Forderungen unterstützen.

Mit meinen Mitarbeitern spielte ich verschiedene Möglichkeiten einer rationellen Lösung für diese, für uns damals umfangreichste, Designaufgabe durch. Am Ende unserer Überlegungen war mir klar, dass die Lösung mit einem vertretbaren Kosten- und Zeitaufwand nur darin bestehen konnte, die Konstrukteure und Entwickler von Anfang an in die Findung der Gestaltung mit einzubeziehen. Meine Erfahrungen, die ich bei der Schulung von Konstrukteuren in fortschrittlichen Firmen, zum Beispiel für Wertanalyse, gemacht hatte, unterstützten mich hierbei. Besonders im Spezialmaschinenbau war es notwendig, dass der Konstrukteur über die nötigen Kenntnisse auf diesem Gebiet verfügte, um so bereits beim Entwurf die entsprechenden Gesichtspunkte berücksichtigen zu können. Zur Seite standen ihm Spezialisten, die er bei komplizierten Problemen befragen konnte. Daher schien mir die wichtigste Aufgabe zu sein, aus dem beachtlichen Potenzial von Entwicklern diejenigen, die für eine Ausbildung im Verpackungsmaschinendesign geeignet waren, herauszufinden und zu überzeugen. Ich erreichte dies durch einen allgemeinen Vortrag über Design, den ich in den verschiedenen Fabriken immer nachmittags hielt.

Anschließend fand eine Diskussion statt, die sich fast jedes Mal bis weit über die Arbeitszeit hinaus erstreckte. Am Ende der Diskussion waren nur noch einige wenige Zuhörer anwesend. Ich konnte nun leicht herausfinden, wer von den wenigen noch Anwesenden neben dem Interesse auch die nötigen Voraussetzungen für eine Erweiterung und Vertiefung des entsprechenden Designwissens besaß.

Die Vorträge und Fachdiskussionen wurden fortgesetzt und wir konnten in jeder Fabrik mindestens ein oder zwei qualifizierte Firmenmitarbeiter finden, die imstande waren, anhand der von uns gelieferten Unterlagen vor Ort Designentscheidungen zu treffen. Sie konnten und sollten auch jederzeit Rücksprache mit uns halten und durchaus auch ihre Grenzen im Bereich des Designs kennen. Es gelang mir, deutlich herauszustellen, dass sie mit dieser „Ausbildung" keine Designer waren. Komplizierte Aufgaben wurden an uns weitergegeben und von uns bearbeitet.

Weil die Standorte der Entwicklung und Fabriken weit auseinanderlagen – von Weert in Holland über Viersen, Bergisch Gladbach, Stuttgart, Waiblingen bis Crailsheim – und jeder Standort wieder Schwerpunkte für spezielle Verpackungsmaschinen hatte, erstellten wir der Einheitlichkeit der Produktlinie wegen eigens einen Designkatalog, der Richtlinien für diese Aufgabe festlegte und erläuterte. Dieser Katalog wurde laufend ergänzt und verbessert, sodass er bald weit über einhundert Blätter umfasste. Auch eine Normung über einheitliche Zukaufteile und andere Informationen fanden über diesen Katalog statt. Daraus entwickelte sich ein ständiger Erfahrungsaustausch.

In der ersten Phase – sie dauerte über ein Jahr – war der Erfolg mäßig. Ich hörte immer nur die – wie auch beim Beginn einer anderen Design-Zusammenarbeit häufig übliche – Antwort, das von uns vorgeschlagene Konzept wäre nicht realisierbar. Und was noch schlimmer war, es wäre teuer und einfach nicht zu bezahlen. Das klang nicht gut in den Ohren der Verantwortlichen einer Geschäftsleitung. Dem Designengagement des Geschäftsführers eines Werks war es letztendlich zu verdanken, dass der Versuch zu diesem Zeitpunkt noch nicht abgebrochen wurde. Dort gelang es auch, unsere Vorschläge so zu verfeinern, dass sie sogar eine Rationalisierungserleichterung brachten und damit zu keiner Verteuerung führten, sondern eher meinem Ziel zu einer preiswerteren Herstellung zum Erfolg verhalfen. Dies führte zum Durchbruch. Anlässlich der ersten großen Verpackungsmaschinenmesse nach diesem Erfolg standen bereits alle Beteiligten hinter der Idee. Das einheitliche Design der verschiedensten hochwertigen und komplizierten Maschinen beeindruckte auch die Käufer.

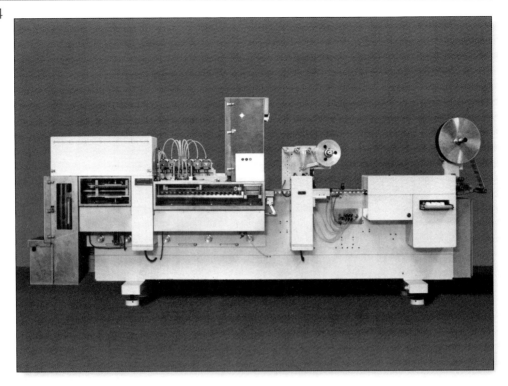

Thermoformmaschine zum aseptischen Abfüllen flüssiger bis pastöser Produkte, Bosch Verpackungsmaschinen, Entwurfsjahr 1978

Das Design der Bosch-Verpackungsmaschinen strebte jedoch nicht nur nach Einheitlichkeit, sondern wurde auch auf die rationelle Herstellung ausgerichtet und setzte die neuesten Forschungsergebnisse der Arbeitswissenschaft in die Praxis um. So wurden beispielsweise durch richtige Anordnung der Baugruppen der Anzeige- und Bedienelemente Übersichtlichkeit, Verständnis für die Funktionen, gute Ablesbarkeit und Sicherheit erreicht.
Es wurden weit über 300 Maschinen der verschiedensten Werke nach diesen Designgesichtspunkten gestaltet. Diese Methode ist für den Spezialmaschinenbau, der häufig zehn Maschinen pro Jahr nicht überschreitet und bei dem fast jeder Auftrag individuell auch konstruktiv bearbeitet werden muss, besonders geeignet. Die Maschinen werden im Baukastensystem produziert, sodass beispielsweise Abfülleinheiten ihre Schnittstellen haben, die je nach Aufgabe mit Verpackungs- oder Wiegeeinheiten und so weiter kombiniert werden können. Diese Einheiten müssen optimal ausgelegt sein, damit der Rationalisierungseffekt nicht durch zu viele Schnittstellen – sie sind immer teuer – verloren geht.

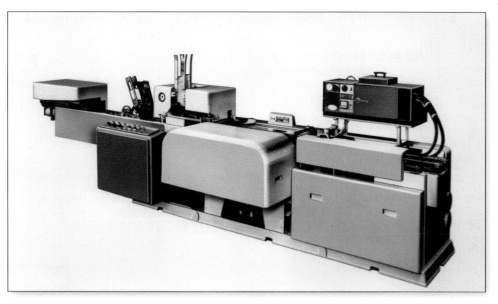

CAR 4 alte Ausführung, Bosch Verpackungsmaschinen, Höfliger & Karg, Entwurfsjahr 1973

CAR 4 neue Ausführung, Bosch Verpackungsmaschinen, Höfliger & Karg, Entwurfsjahr 1976

Vergleichbare Aufgaben übernahmen wir schließlich auch in der Industrieausrüstung Erbach und Plochingen.

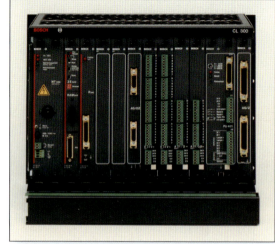

Bosch NC 60e – 3-Achsen-Bahnsteuerung für Bohrmaschinen und Bearbeitungszentren, Bosch Erbach, Entwurfsjahr 1972

Modular aufgebaute Steuerung für flexible Automation CL 300, Bosch Industrieausrüstung Erbach, Entwurfsjahr ca. 1988

Einspritzpumpen-Prüfstand EFEP 515, Bosch Industrieausrüstung Plochingen, Entwurfsjahr 1977

Pocket-Motortester, Bosch Industrieausrüstung Plochingen, Entwurfsjahr 1975

Der Produktbereich Investitionsgüter

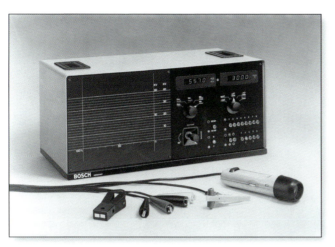

Kompakt-Motortester Digital Mot, Bosch Industrieausrüstung Plochingen, Entwurfsjahr 1977

PAD-Prüfarbeitsplatz für Leiterplatten, Bosch Industrieausrüstung Plochingen, Entwurfsjahr ca. 1982

Scheinwerfereinstellgerät, Bosch Industrieausrüstung Plochingen, Entwurfsjahr ca. 1978

Kreative Impulse für und von kleineren Firmen

Mein Interesse für technische Produkte veranlasste mich bereits 1959, Kontakt zur Firma Messwandler-Bau GmbH aufzunehmen und meine Mitarbeit als freiberuflicher Designer anzubieten. Die Firma entwickel-

Niederspannungs-Stromwandler Typenreihe JA, Messwandler-Bau GmbH, Entwurfsjahr 1962

te zu dieser Zeit eine neue Typenreihe und ich sah große Chancen für eine fortschrittliche Formgestaltung. Bereits im April desselben Jahres erhielt ich als ersten Auftrag die formgestalterische Entwicklung des ölarmen Spannungswandlers ZOG 10. Neben zahlreichen Neuentwicklungen war für mich jedoch besonders interessant, dass ich auch das gesamte Erscheinungsbild der Firma positiv beeinflussen konnte. Im Jahr 1968 gestaltete ich die Prüfhalle der Firma neu und legte hier besonderen Wert auf die passenden Farben. Um das Gesamtbild einer erfolgreichen Firma abzurunden, wurde ich anschließend bei der Gestaltung der Zeitungsanzeigen beratend tätig. Noch Mitte der 1980er-Jahre erhielt ich von der Messwandler-Bau GmbH eine Anfrage über die Gestaltung eines Computerpults, die ich jedoch aus Zeitmangel ablehnen musste.

Ölisolierte Spannungswandler, ein- und zweipolig, in Gießharzgehäuse, Messwandler-Bau GmbH, Entwurfsjahr 1962

Ich freute mich jedoch sehr darüber, dass diese Firma noch nach über 15 Jahren unsere erfolgreiche Zusammenarbeit nicht vergessen hatte und auf meine bewährte Mitarbeit zurückgreifen wollte.

Nur ein Jahr nach Beginn der Zusammenarbeit mit der Messwandler-Bau GmbH traten die Atlas-Werke an mich heran, da sie die Mitarbeit eines Formgestalters anstrebten. Mein Probeauftrag bestand in der Gestaltung eines Oberflächenmessgeräts und führte zur formgestalterischen Überarbeitung des Tastpolarographen Selector V.

Für Stephan Witte & Co. gestaltete ich dagegen keine aufwendigen technischen Geräte, sondern zunächst recht simpel wirkende Schraubendreher. Da dieses Werkzeug jedoch ein nicht zu unterschätzendes und oft gebrauchtes Hilfsmittel in der Fertigung ist, verwendete ich hier ebenso viel Sorgfalt wie bei all meinen anderen Gestaltungen. Da der Schraubendreher ein Kupplungselement zwischen Hand und Schraube darstellt, teilte ich den Griff in zwei Bereiche. Die erste Umfassungszone muss der Mittelhand gut angepasst sein, sodass diese große Kräfte übertragen kann. Die zweite Umfassungszone ist dagegen für den Zeigefinger, Mittelfinger und Daumen bestimmt, die besonders schnelle Drehbewegungen ausführen müssen.

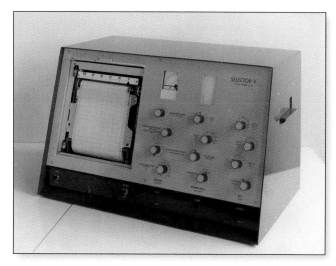

Tastpolarograph Selector V, Atlas Werke, Entwurfsjahr 1961

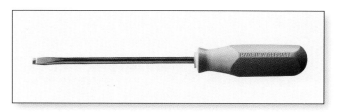

Schraubendreher mit Dreikantgriff, Firma Stephan Witte & Co., Entwurfsjahr 1967

Im Jahr 1967 entwickelte ich mit meinem Team über 30 verschiedene Griffformen für Schraubendreher, um sie alle nach ergonomischen Gesichtspunkten zu prüfen. Für die erste

Umfassungszone ergab sich daraus ein durchgewölbtes Dreikantprofil als ideale Form, da diese die Kontaktflächen der geschlossenen Hand optimal ausnutzt und sich praktisch allen Handgrößen anpasst. In der zweiten Umfassungszone stellte sich dagegen die Kegelform als ideal heraus, da diese auch gegen Abrutschen schützt. Aus diesem Grund sollte der Schraubendrehergriff auch nicht aus glattem Kunststoff, sondern aus Hartgummi bestehen. Bis zum Frühjahr 1975 war Stephan Witte & Co. der einzige Hersteller von Dreikantgriffen für Schraubendreher.

Direkt in Esslingen hatte die Maschinenfabrik Waimer ihren Firmensitz. Die ersten Kontakte ergaben sich im September 1968 und führten zur formgestalterischen Überarbeitung der Kabine des Waimer-Turbomats, einer Einheit für die Betonmischung. Sie besaß eine sehr gute Funktionalität, die sich jedoch bislang nicht in ihrer äußeren Form nie-

Turbomat-Kabine, Firma Waimer, Entwurfsjahr 1968

dergeschlagen hatte. Meine Neugestaltung der Turbomatkabine sollte dies ändern und ihre gute Funktionalität weithin sichtbar machen. Die Firma Waimer hatte jedoch ein Problem, unter dem viele andere Firmen ebenfalls litten. Oftmals wurde ein Designer erst dann hinzugezogen, wenn es um die Firma bereits sehr schlecht stand. Stimmte der finanzielle Hintergrund jedoch schon längere Zeit nicht mehr, war das Hinzuziehen eines Designers meist schon zu spät und die Firma konnte nicht mehr gerettet werden.

Turbomat-Kabine, Firma Waimer, Entwurfsjahr 1968, Entwurfszeichnung

Die Maschinenfabrik Fortuna-Werke AG in Stuttgart strebte dagegen die formgestalterische Überarbeitung ihres Schleifmaschinenprogramms an. Insbesondere die Steuerkästen mit den Schaltelementen sollten ein typisches „Fortuna-Gesicht" erhalten, jedoch unter Beibehaltung des gesamten technischen Innenaufbaus. Das neu entwickelte „Fortuna-Gesicht" sollte darüber hinaus auch für kommende Neuentwicklungen passend sein. In den folgenden Jahren arbeitete ich an der Neugestaltung der verschiedensten Produkte, beispielsweise einer Universalschleifmaschine, einer Lederspaltmaschine und einer Folienklebmaschine.

Schleifmaschine FM 11-400, Firma Fortuna, Entwurfsjahr 1976

Ein weiterer Kunde aus dem Bereich der Maschinenfabriken war die Firma Gustav Wagner in Reutlingen, die nach dem Tod des gleichnamigen Inhabers von der Firma Still übernommen wurde. Teams Design führt die mit meinem Designbüro begonnene Zusammenarbeit ebenso erfolgreich weiter.

Hubwagen, Firma Gustav Wagner, Entwurfsjahr ca. 1973

Elektro-Schubgabelstapler Typ EFSM-EFSG, Firma Gustav Wagner, Entwurfsjahr ca. 1979

Es wird deutlich, dass ich schon recht früh auf dem Gebiet des Investitionsgüterdesigns Erfolge hatte. Einen großen Vorteil und im Grunde genommen die Voraussetzung für die Designarbeit in diesem Bereich bedeutete mein Ingenieurstudium im Maschinenbau. Im Laufe der Jahre verschob sich der Schwerpunkt meiner Arbeit immer stärker in Richtung Investitionsgüterdesign. Dieser Erfolg war ausschlaggebend für die Berufung zum Professor des Lehrstuhls „Investitionsgüterdesign" an der Staatlichen Akademie der Künste Stuttgart.

Lehrtätigkeit in Berlin und Stuttgart

Durch das große Echo in der Industrie wurden Mitte der Achtzigerjahre auch die Hochschulen auf mich aufmerksam und ich wurde zu Vorträgen eingeladen. Diese konnte ich parallel zu meiner Designarbeit halten. Ich wurde dort mehrmals angesprochen, ob ich nicht Lehraufträge für Studenten übernehmen wolle. Zunächst entschied ich mich für die Hochschule der Künste Berlin und wurde dort bereits im Mai 1983 Lehrbeauftragter, bevor ich 1985 zum Honorarprofessor bestellt wurde.
Immer stärker fielen mir hierbei die Schwächen der Ausbildung zum Industriedesigner an den verschiedenen Hochschulen auf, die in Konkurrenz zueinander standen. Diese resultierten insbesondere aus der mangelnden praktischen Erfahrung der Professoren, die meist kein eigenes Designbüro hatten. Entsprechend praxisfern gestaltete sich auch die Ausbildung, die eher Künstler als Industriedesigner hervorbrachte. Ein großes Problem war insbesondere das mangelnde Wissen über einen rationellen Herstellungsprozess.
Ich versuchte daher meine Pläne über den Aufbau eines neuen Lehrstuhls „Investitionsgüterdesign" weiter voranzutreiben, was mir durch die enger werdenden Kontakte zur Hochschule der Künste auch möglich war. Das Baden-Württembergische Kultusministerium meldete ebenfalls großes Interesse an diesem neuen Lehrstuhl an und wollte ihn an der Staatlichen Akademie der Künste Stuttgart ansiedeln. Ich entschied mich für Stuttgart, da die meisten Kunden meines Designbüros ebenfalls im Großraum Stuttgart beheimatet waren. Bereits seit dem Beginn meiner Designtätigkeit stand ich mit dem Landesgewerbeamt Stuttgart in engem Kontakt und konnte so meine Vorstellungen über den Studienaufbau realisieren, wobei mich besonders Herr Auer vom LGA unterstützte. Trotz meiner Entscheidung für Stuttgart blieben die Kontakte nach Berlin weiterhin eng.
Im November 1986 wurde ich schließlich als ordentlicher Professor und Leiter des neu zu gründenden Studienganges Investitionsgüterdesign an die Staatliche Akademie der Künste Stuttgart berufen. Dieser Studiengang war der erste seiner Art in Deutschland, der den Diplom-Ingenieur Designer zum Abschluss hat. Wie ich es gefordert hatte, war die Voraus-

setzung für die Aufnahme in diesen Studiengang ein abgeschlossenes Ingenieurstudium. Diese Forderung war nicht ganz unproblematisch, da die Studenten bei Beginn des Designstudiums bereits ein abgeschlossenes Studium vorweisen mussten. Ich konnte mich durchsetzen. Frühestens nach vier Semestern fand die Abschlussprüfung statt.

Der Studienführer für den Studiengang Investitionsgüterdesign an der Staatlichen Akademie der Bildenden Künste Stuttgart beschreibt das Studium wie folgt:

Hinweise für Bewerber: Studienbewerber für den Studiengang Investitionsgüterdesign müssen ein abgeschlossenes Ingenieurstudium für Maschinenbau, Feinwerktechnik oder Fertigungstechnik an einer Universität, Fachhochschule oder Berufsakademie bzw. als ausländischer Student einen vergleichbaren Abschluss nachweisen und sich einer künstlerischen Eignungsprüfung unterziehen. Die Prüfung besteht aus drei Teilen:
– Vorlage einer Mappe
– Künstlerische Klausur
– Mündliche Prüfung.
Das Zulassungsverfahren findet einmal jährlich statt.

Studienablauf: Das Studium gliedert sich in zwei Teile. Nach zwei Semestern und mindestens zwei Hauptentwürfen sind die Voraussetzungen für die Diplomvorprüfung erreicht.
Das Studium wird nach dem zweiten Semester mit mindestens einem Entwurf in der Klasse für Produktgestaltung, Ausstellungsarchitektur oder Möbeldesign vertieft.

Die Regelstudienzeit beträgt vier Semester.
Der Diplomprüfung geht die Diplomvorprüfung voraus.
Die Teilprüfungen innerhalb der Diplomvorprüfung und der Diplomprüfung werden unmittelbar im Anschluss an die Studienabschnitte abgenommen, in denen das jeweils geprüfte Fach gelehrt wurde.
Die Diplomarbeit ist eine umfassend angelegte und selbstständige Entwurfsarbeit, die innerhalb von vier Monaten zu erstellen ist. Nach erfolgreichem Abschluss verleiht die Hochschule den akademischen Grad „Diplom-Ingenieurdesigner/Diplom-Ingenieurdesignerin, Fachrichtung Investitionsgüterdesign", der dem Abschluss einer wissenschaftlichen Hochschule gleichgestellt ist.

Studieninhalte: Industriedesign ist ein Grenzgebiet zwischen Wirtschaft, Kultur und Technik.

Der Bereich Technik und Betriebswirtschaft ist durch das Ingenieurstudium abgedeckt. Die Ausbildung des Investitionsgüter-Designers an der Staatlichen Akademie der Bildenden Künste Stuttgart hat daher ihre Schwerpunkte in designrelevanten Fächern, Marketing, Kunst und Kultur.

Im Mittelpunkt des Lehrangebots stehen vier Teilbereiche:
Die allgemeine künstlerische Ausbildung mit den Fächern Wahrnehmungslehre, Kreativitätsübungen, Naturzeichnen, Kunst- und Designgeschichte.
Die fachbezogenen wirtschaftswissenschaftlichen Fächer, wie Marketing, gewerblicher Rechtsschutz und Produktplanung (anhand des linearen Designprozesses).
Die fachbezogenen Theorien und Darstellungstechniken, wie Ergonomie, Semiotik, Entwurfs- und Präsentationszeichnen, Modellbau, Fotografie.
Die Anwendungen der theoretischen Kenntnisse in praxisbezogenen Übungen anhand von konkreten Entwurfsarbeiten.
Parallel zur Projektarbeit gibt es Lehrveranstaltungen, die in Form von Seminaren, Vorlesungen oder Übungen Fachwissen und Fertigkeiten aus anderen Disziplinen vermitteln.

Ich beteiligte mich weiterhin aktiv an verschiedenen Vortragsreihen. Da Bosch seine Produkte bei seinen Kunden auch aufgrund ihres Designs bewerben wollte, wurde unter der Leitung von Herrn Ogurski und seiner Mitarbeiterin Frau Stof eine Vortragsreihe zu diesem Thema entwickelt. Zum Vortrag „Qualitätsfaktor Design, zum Beispiel Bosch" hielt ich in Stuttgart, Berlin, Wien, Linz und zahlreichen weiteren Städten den Einführungsvortrag. Das Echo während der Veranstaltungen und auch in der Presse war sehr positiv. Unter anderen hielt ich einen weiteren Vortrag dieser Reihe im Juli 1987 im Deutschen Museum in München zum Thema „Beeinflussungsfaktoren des Designs, zum Beispiel Ergonomie und Farbe".

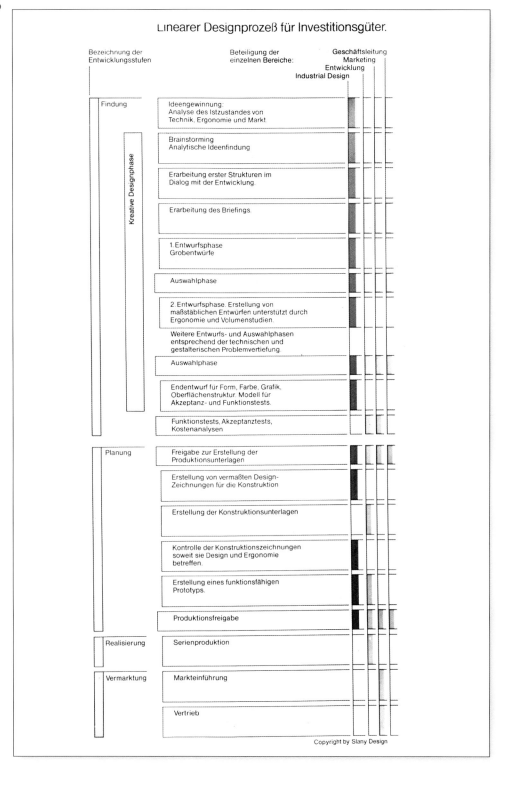

Ausblick in die Zukunft

Auch nach meinem Ausscheiden aus der GmbH 1997 führten meine beiden Nachfolger Teams Design sehr erfolgreich weiter. Bereits zwei Jahre später wurde Teams Design Chicago eröffnet, 2002 Teams Design Hamburg, 2004 Teams Design Belgrad und 2006 Teams Design Shanghai. Was einst in meinem Haus in Esslingen begann, ist heute also auf drei Kontinenten vertreten, Europa, Nordamerika und Asien.
Weiterhin werden verschiedene Produktkategorien betreut, darunter Transport, Unterhaltungselektronik, Büroartikel, Bautechnik, Badezimmer und Wellness, Freizeit und Sport, Haus und Garten oder Industrie und Produktion.
Die Herausforderungen, die heute an einen Industriedesigner gestellt werden, sind nicht zu vergleichen mit jenen, mit denen ich 1956 konfrontiert wurde. Sie sind jedoch deshalb nicht weniger groß. War es damals der Umstand, dass Geschäftsleitungen und Firmeninhaber vom Nutzen eines guten Designs erst überzeugt werden mussten, so sind es heute die Schnelllebigkeit der Produkte, der unerhörte Fortschritt auf dem Gebiet der Technik und die Globalisierung, mit denen sich ein Designer auseinandersetzen muss. Doch all das stellt zugleich auch eine große Chance für einen Beruf dar, der in all den Jahren nichts von seiner Faszination verloren hat und heute mehr denn je über große Zukunftschancen verfügt.

Anhang

Eine Auswahl meiner wichtigsten Kunden

1956 Aluminium Ritter
1956 Zeiss-Ikon (zusammen mit Löffelhardt)
1956 Bosch Elektrowerkzeuge
1956 Peter Dienes
1956 Siegwerk
1957 Johann Breitenstein GmbH
1957 Leifheit
1957 Ornapress
1957 Progress Elektrogeräte
1957 Scharpf
1959 Witte
1960 Bölkow
1960 Boley & Leinen
1962 Haug
1962 Kärcher
1962 Silit
1964 Bosch Fernseh GmbH
1966 Lindner GmbH
1967 Traub GmbH
1968 Eberspächer
1968 Junkers & Co.
1969 Bosch Verpackungsmaschinen
1970 Richard Hirschmann
1971 Junghans
1972 Leitz
1973 Nova
1973 Edding AG
1973 Pilz KG
1975 Agria-Werke
1975 Wilde & Spieth
1986 Weishaupt

Eine Auswahl meiner Mitarbeiter

Slany Design Mitarbeiter
1956 Bertl Slany (Sekretärin)
1959 Renate Just (Sekretärin)
1971 Adelheid Fürst (Sekretärin)

1962 Klaus Schön
1965-68 Alfons Heimburger
1966 Helmut Scholz
1968 Hartmut Hamm
1968-69 Uwe Doleski
1969 Peter Pruner
1973 Barry Wingate
1976 Josef Pittner
1977 Helga Baumgärtner (Buchhaltung)
1978 Reinhard Renner

1979 Winfried Kunzweiler
1979 Ernst Erletz
1979 Christian Haupt
1980 Mahmut Akbulut

GmbH Mitarbeiter
Klaus Schön
Hartmut Hamm
Helga Baumgärtner (Buchhaltung)
Reinhard Renner
Christian Haupt
Mahmut Akbulut
Adelheid Fürst (Sekretärin)
Hans-Peter Aglassinger
Stefan Blank
Gerd Buchter
Thomas Fickenscher

Antje Grümmer
Klaus Baumgartner
Mark Batchelor
Jochen Backs
Bettina Arsal
Jill Taylor
Martin Birtel
Burkhard Fritz
Elke Gutmann
Kai Hilpert
Paul Hatch
Karina Heil
Werner Lang
Detlef Müller
Carolin Riehle
Ulrich Warth
Marc Veenendal

Die wichtigsten Wegbegleiter meiner Arbeit

Personen, die in meinem Berufsleben eine Rolle spielten und mit denen ich guten Kontakt hatte.

Anders und Kern
Norbert Kern
Volker Anders

Boley & Leinen
Dipl.-Ing. Günther Leinen

Bosch
Marcus Bierich
Joachim Lungershausen
Dr. Dieter Büschelberger
Herr Ogursky
Gabriele Stof
Kurt Paule

Brunnquell/Lindner
Dr. Hans-Joachim Lindner
Kurt-Michael Lindner
Dr. Kurt Lindner

Eberspächer
Dr. Günter Baumann
Hans Eberspächer

Edding
C. W. Edding

form
Karl Heinz Krug

Hirschmann
Hans Zehentbauer

Junghans
Dr. Strudhoff

Kärcher
Irene Kärcher
Johannes Kärcher

Landesgewerbeamt Stuttgart
Josef Auer
Dr. Amelie Duras
Dr. Wolfgang Berger
Heinrich Löffelhardt
Prof. Wilhelm Wagenfeld
Peter Frank

Haus Industrieform Essen
Dr. Mahlberg

Hochschule für Gestaltung Ulm
Max Bill

Leifheit
Günter Leifheit und Ingeborg Leifheit
Dieter Schüfer
Johannes Liebscher
Georg Thaller

Leitz
Manfred Leitz
Conrad Leitz
Roland Würthner

Nova
Robben

op-art-Galerie
Hans Mayer

Ornapress
Herr Halauer
Herr Dully
Herr Malsch

Pilz
Renate Pilz
Susanne Kunschert, geb. Pilz
Thomas Pilz

Progress
Ernst Faber
Eberhard Wörwag
Peter Wörwag
Rolf Dieter Hahn
Herbert Hahn

Rat für Formgebung
Mia Seeger

Ritter
Heinrich Ritter
Theo Pfeffer

Silit
Jörg L. Vorbach
Hans Fingerle

Traub
Wolfgang von Zeppelin

Trumpf
Dr. Gerhard Widl

VDID
Susanne Lengyel
Stefan Lengyel

Hans Theo Baumann
Günter Kupetz
Karl Dittert
Peter Raacke
Rainer Schütze
Arno Votteler
Herbert Hirche
Iris Laubstein

Weishaupt
Siegfried Weishaupt

Werkbund
Günter Fuchs

Wilde & Spieth
Ulrich Spieth
Rudolf Spieth

Witte
Dr. Jochen Kirchhoff
Wilhelm Rösen
Friedrich K. Kollmann
Rolf Bücker

Weitere
Kurt Weidemann
Lothar Späth
Hans Gugelot
Prof. Herbert W. Kapitzki
Anton Stankowski
Prof. Klaus Lehmann
Prof. Dr.-Ing. Heinz G. Pfänder
Bruno Sacco
Prof. Leo Wollner
Walter Zeischegg
Prof. Dipl.-Ing. H. Seeger
Wolfgang Bauer
Rido Busse
Horst Diener
Egon Eiermann
Dr. Rolf Garnich
Herr Direktor Wilfert, Leiter der Designabteilung bei Mercedes
Herr Barenyi
Prof. Dr. Christoph Häberle
Prof. Dr. Uwe Dreyer
Prof. Ohl
Ernst Hofmann-Igel

Auszeichnungen und Ausstellungen – Slany und sein Team[23]

1957
Triennale Mailand: 3 Produkte für den deutschen Beitrag
Messe Hannover „Die gute Industrieform"
insgesamt 4 Auszeichnungen

1958
Weltausstellung in Brüssel: 6 Produkte für den deutschen Pavillon
Ausstellung „Gewollt geworden" Galerie Behr, Stuttgart
1 Objekt auf der Messe Hannover „Die gute Industrieform"

Aufnahme erster Arbeiten in die Sammlung Industrieform Essen
insgesamt 5 Auszeichnungen

1960
Deutsche Werkbundausstellung, München
Herbstmesse Köln Sonderschau „Das gut gestaltete Gerät"
2 Objekte auf der Messe Hannover „Die gute Industrieform"
Haus Industrieform Essen
insgesamt 4 Auszeichnungen

1961
Einzelausstellung im Landesgewerbeamt Baden-Württemberg, Stuttgart
7 Objekte auf der Messe Hannover „Die gute Industrieform"
insgesamt 7 Auszeichnungen

1962
10 Objekte im Design Center Stuttgart
Herbstmesse Köln Sonderschau „Das gut gestaltete Gerät"
6 Objekte auf der Hannover Messe „Die gute Industrieform"
insgesamt 25 Auszeichnungen

1963
7 Objekte im Design Center Stuttgart
Messe Hannover „Die gute Industrieform"
Haus Industrieform Essen
Preisträger im Luran-Wettbewerb der BASF
insgesamt 11 Auszeichnungen

1964
6 Objekte im Design Center Stuttgart
Biennale der Industriellen Formgebung in Ljubljana
Triennale Mailand
„Kunst + Industrieform ´64", Schloss-Kunstschule Eutin
VDID Wanderausstellung Darmstadt, Stuttgart, Berlin
Haus Industrieform Essen
insgesamt 8 Auszeichnungen

1965
VDID Wanderausstellung, Hochschule der Bildenden Künste Braunschweig
Ausstellung im Design Center London
Einzelausstellung Haus Industrieform Essen (mit Katalog)
insgesamt 3 Auszeichnungen

1966
Designausstellung „Gute Form", Madrid und London
VDID Wanderausstellung, Mannheim
Ausstellung „Aufgabe + Lösung", Neue Sammlung München
2. Biennale der Industriellen Formgebung in Ljubljana
Haus Industrieform Essen
Aufnahme in die Bestände der Neuen Sammlung München
insgesamt 5 Auszeichnungen

1967
18 Objekte im Design Center Stuttgart

Auszeichnungen und Ausstellungen – Slany und sein Team

Warenhausausstellung Tokio
Wanderausstellung Rat für Formgebung in Warschau, Sofia, Krakau
Weltausstellung Montreal (Deutscher Beitrag)
18 Objekte auf der Messe Hannover „Die gute Industrieform"
Haus Industrieform Essen
insgesamt 39 Auszeichnungen

1968
17 Objekte im Design Center Stuttgart
Ausstellung „vormgevers" im Stedelijk Museum Amsterdam
Ausstellung „Seit langem bewährt", Neue Sammlung München
Industrie- und Handelskammer Hagen
18 Objekte auf der Messe Hannover „Die gute Industrieform"
5. MACEF Sonderschau, Mailand
Sonderausstellung des Design Centers Stuttgart in Stockholm/Schweden
Aufnahme von Produkten in die Sammlung des Stedelijk Museum Amsterdam
insgesamt 39 Auszeichnungen

1969
14 Objekte im Design Center Stuttgart
Designausstellung „Die Welt der Gegenstände", Jablonec/CSSR
12 Objekte auf der Messe Hannover „Die gute Industrieform"
Sonderausstellung des Design Center Stuttgart in Metz/Frankreich
insgesamt 26 Auszeichnungen

1970
„Exhibition of Industrial Design from Germany" in Hongkong, Singapur, Manila
11 Objekte auf der Messe Hannover "Die gute Industrieform"
Haus Industrieform Essen
Sonderausstellung des Design Centers Stuttgart in Prag/Tschechoslowakei und Zürich/Schweiz
insgesamt 15 Auszeichnungen

1971
26 Objekte im Design Center Stuttgart
3 Objekte auf der Messe Hannover „Die gute Industrieform"
Sonderausstellung des Design Centers Stuttgart in Straßburg/Frankreich
insgesamt 29 Auszeichnungen

1972
23 Objekte im Design Center Stuttgart
Haus Industrieform Essen
3 Objekte auf der Messe Hannover „Die gute Industrieform"
Sonderausstellung des Design Centers Stuttgart in Zagreb und Belgrad/Jugoslawien, Paris/Frankreich, Graz/Österreich
5 Auszeichnungen für gute Form „Arts menagers" Paris
insgesamt 32 Auszeichnungen

1973
17 Objekte im Design Center Stuttgart

Bundespreis „Gute Form" in vielen Städten der Bundesrepublik, u.a. IDZ Berlin, Bahnhof Rolandseck Bonn, Deutsches Museum München
1 Objekt auf der Messe Hannover „Die gute Industrieform"
5. Biennale der Industriellen Formgebung, Ljubljana
Handwerksmesse München
Sonderausstellung des Design Centers Stuttgart in Gent/Belgien
1 Bundespreis „Gute Form"
insgesamt 21 Auszeichnungen

1974
28 Objekte im Design Center Stuttgart
„Sehen und Hören – Design + Kommunikation", Ausstellung des Kunstgewerbemuseums Köln
1 Objekt auf der Messe Hannover „Die gute Industrieform"
Haus Industrieform Essen
Sonderausstellung des Design Centers Stuttgart in Zürich/Schweiz
insgesamt 31 Auszeichnungen

1975
3 Objekte im Design Center Stuttgart
Designausstellung der Bundesrepublik „Design Evergreens" in Moskau, Minsk, Leningrad
5 Objekte auf der Messe Hannover „Die gute Industrieform"
Sonderausstellung des Design Centers Stuttgart in Paris/Frankreich
2 Bundespreise „Gute Form"
insgesamt 10 Auszeichnungen

1976
37 Objekte im Design Center Stuttgart
Haus Industrieform Essen
1 Objekt auf der Messe Hannover „Die gute Industrieform"
5 Aufnahmen in die Werkbund-Dokumentation
insgesamt 46 Auszeichnungen

1977
32 Objekte im Design Center Stuttgart
„Design Evergreens", Ausstellung des Instituts für Auslandsbeziehungen Stuttgart in Moskau, Warschau u. a.
16 Objekte auf der Messe Hannover „Die gute Industrieform"
Haus Industrieform Essen
„bio 7" Ljubljana
Goldmedaille Leipziger Frühjahrsmesse
7 Aufnahmen in die Werkbund-Dokumentation
insgesamt 64 Auszeichnungen

1978
43 Objekte im Design Center Stuttgart
7 Objekte auf der Messe Hannover „Die gute Industrieform"
3 Aufnahmen in die Werkbund-Dokumentation
insgesamt 50 Auszeichnungen

1979
26 Objekte im Design Center Stuttgart

Auszeichnungen und Ausstellungen – Slany und sein Team

3 Objekte auf der Messe Hannover „Die gute Industrieform"
1 Aufnahme in die Werkbund-Dokumentation
1 „Kamera des Jahres" (Zeitschrift Foto Revue)
insgesamt 34 Auszeichnungen

1980
18 Objekte im Design Center Stuttgart
3 Objekte auf der Messe Hannover „Die gute Industrieform"
insgesamt 21 Auszeichnungen

1981
29 Objekte im Design Center Stuttgart
4 Objekte auf der Messe Hannover „Die gute Industrieform"
2 „Produkt des Jahres 1981" Fachverband Konsum-Kunststoffwaren, Frankfurt
insgesamt 35 Auszeichnungen

1982
22 Objekte im Design Center Stuttgart
2 Objekte auf der Messe Hannover „Die gute Industrieform"
„Designer + Industrie" 50 Industriedesigner stellen sich vor, eine Ausstellung des VDID Baden Württemberg im Design Center Stuttgart
„Industrial Design im Werkzeugmaschinenbau", Sonderschau des Design Centers Stuttgart anlässlich der „AMB 82" in Stuttgart

Aufnahme in die Bestände der Neuen Sammlung München
2 Aufnahmen in die Werkbund-Dokumentation
insgesamt 25 Auszeichnungen

1983
26 Objekte im Design Center Stuttgart
2 Objekte auf der Messe Hannover „Die gute Industrieform"
„Design – Formgebung für jedermann. Typen und Prototypen", Kunstgewerbemuseum Zürich
„Design since 1945", Philadelphia Museum of Art, Philadelphia/USA
Aufnahme von Produkten ins Kunstgewerbemuseum der Stadt Zürich und ins Philadelphia Museum of Art, Philadelphia/USA
insgesamt 28 Auszeichnungen

1984
29 Objekte im Design Center Stuttgart
10 Objekte auf der Messe Hannover „Die gute Industrieform"
„German Selection 1984" Industriedesign Japan
insgesamt 40 Auszeichnungen

1985
22 Objekte im Design Center Stuttgart
7 Objekte auf der Messe Hannover „Die gute Industrieform"
2 „Produkte des Jahres 1985" Fachverband Konsum-Kunststoffwaren, Frankfurt
insgesamt 31 Auszeichnungen

1986
26 Objekte im Design Center Stuttgart
„25 Jahre Design Center Stuttgart" in Stuttgart und Moskau
7 Objekte auf der Messe Hannover „Die gute Industrieform"
Sonderausstellungen „Qualitätsfaktor Design – z. B. Bosch", Stuttgart/Gerlingen, Stuttgart/Leinfelden, Stuttgart/Schwieberdingen, Telenorma Frankfurt, Internationaler Designkongress „Erkundungen", Stuttgart Killesberg, Solothurn/Schweiz, Industrie- und Handelskammer Berlin/Internationales Design Zentrum Berlin, BD-Kongress Karlsruhe, Teile der Ausstellung bei „Design – Schönheit und Nutzen", eine Ausstellung des Design Centers Stuttgart in Moskau, Industrie- und Handelskammer Kiel
Einzelausstellungen „Linearer Designprozess am Beispiel einer Farbfernsehkamera" bei den Industrie- und Handelskammern Berlin und Kiel, Internationaler Designkongress „Erkundungen", Stuttgart/Killesberg
„Hans Erich Slany – 30 Jahre Design-Pionierarbeit" Esslinger Kunstverein
2 „Good Design Prize for foreign products" Ministry of International Trade and Industry Japan
1 „Produkt des Jahres 1986" Fachverband Konsum-Kunststoffwaren, Frankfurt
insgesamt 36 Auszeichnungen

1987
10 Objekte im Design Center Stuttgart
9 Objekte auf der Messe Hannover „Die gute Industrieform"
Sonderausstellungen „Qualitätsfaktor Design – z. B. bei Bosch" und „Ergonomie bei Elektrowerkzeugen" Wirtschaftsförderungsinstitut Wien, Wirtschaftsförderungsinstitut Graz, Hochschule für künstlerische Gestaltung Linz, Institut für Neue Technische Form, Darmstadt, Messe Leipzig (Teile der Ausstellung), Rathaus Hildesheim, Deutsches Museum München, Science Museum London (Teile der Ausstellung), Alter Rathaussaal Nürnberg, VDI-Haus Düsseldorf
Einzelausstellungen „Linearer Designprozess am Beispiel einer Fernsehkamera" in Wien, Graz, Linz, Darmstadt, Hildesheim, München, Nürnberg, Düsseldorf
2 „Produkte des Jahres 1987" Fachverband Konsum-Kunststoffwaren, Frankfurt
insgesamt 21 Auszeichnungen

1988
18 Objekte im Design Center Stuttgart
„Design in Europa" Design Center Stuttgart
2 Objekte in Ausstellung „FORMBESTÄNDIG" Design Center Stuttgart

- 4 Objekte „Design Innovationen 88" Haus Industrieform Essen und in die ständige Ausstellung aufgenommen
- 19 Objekte auf der Messe Hannover „if '88 Industrieform Hannover"
- Sonderausstellungen „Qualitätsfaktor Design – z. B. Bosch" und „Ergonomie bei Elektrowerkzeugen" CEBIT Hannover, Hannover Messe Industrie, Wirtschaftsförderungsinstitut Kulturhaus Dornbirn, Wirtschaftsförderungsinstitut Handelskammer Innsbruck, Eurotec Taiwan (Teile der Ausstellung), Technogerma New Dehli (Teile der Ausstellung)
- Sonderausstellungen „Ergonomie bei Elektrowerkzeugen" EDE-Börse Wiesbaden, Kaufhaus Wertheim Berlin, Massa-Markt Rüsselsheim, NW-Börse Essen, NB-Börse Nürnberg, Quojem Paris, BWS Salzburg, Technisches Museum Wien, HAFA Stuttgart/Killesberg
- Einzelausstellungen „Linearer Designprozess am Beispiel einer Fernsehkamera" CEBIT Hannover, Hannover Messe Industrie, Dornbirn, Innsbruck, „Esslingen – Treffpunkt Zukunft"
- „Gutes Design 1988" Leipziger Frühjahrsmesse
- „Goldmedaille für das außergewöhnliche Design" Französische Zeitschrift „System D"
- 1 Goldmedaille Internationale Messe für Verbrauchsgüter, Maschinen und Technologien, Plodiv/Bulgarien
- 5 Designpreise Japanisches Ministerium für Industrie und Handel

insgesamt 47 Auszeichnungen

1989
- 7 Objekte im Design Center Stuttgart
- 12 Objekte auf der Messe Hannover „if '89 Industrieform Hannover"
- „Design für den Lebenstraum" Kaufhaus Karstadt, Saarbrücken
- Sonderausstellungen „Ergonomie bei Elektrowerkzeugen" Wirtschaftsförderungsinstitut Graz, Universität Stuttgart Hohenheim
- 5 Objekte „Design Innovationen 89" Haus Industrieform Essen
- 1 „Produkt des Jahres 1989" Fachverband Konsum-Kunststoffwaren, Frankfurt
- „Gutes Design" Leipziger Frühjahrsmesse
- Aufnahme von weiteren Produkten in die Neue Sammlung München

insgesamt 21 Auszeichnungen

Eine Auswahl eigener Veröffentlichungen

Die gute Gebrauchsform und moderner Kitsch, in: Eisenwaren-Börse, Heft 18, 1957

10 Fragen, in: form, 33, März 1966

Design mit Konstruktion verbinden – Gestaltungskriterien im Bereich des Maschinenbaus verwirklicht, in: Maschinenmarkt, 21, 1974

Design im Investitionsgüterbereich, in: Werkstatt und Betrieb, 110. Jahrgang, Heft 3, 1977

Gestaltungskriterien für Elektrowerkzeuge, in: Eisenwarenbörse, Heft 6, 1977

Funktion am Griff ablesbar – Ergonomie und Ästhetik müssen sich auch in den Werkzeugen sinnvoll ergänzen, in: Maschinenmarkt, Heft 27, 1977

Entwicklung von Fernsehkameras und Fernsehstudiogeräten aus der Sicht des Designers, in: 50 Jahre Fernseh 1929–1979 (Bosch Technische Berichte, Band 6, Heft 5/6), 1979

Industriedesign und Ergonomie, in: arbeitgeber, Nr. 4, 1981

Humanisierung der Arbeitswelt – Gestaltung von Investitionsgütern, in: Katalog zur deutschen Auswahl 1981, Design Center Stuttgart

Fallstudie: Verpackungsmaschinen von Bosch, in: Rat für Formgebung „Design-Materialien", Design und Investitionsgüter I, Design-Dialog Darmstadt, Arbeitsbericht C-7, 1982

Designerfahrungen bei Investitionsgütern, in: Katalog zur Ausstellung „Industrial Design im Werkzeugmaschinenbau" während der Sonderschau des Design Centers Stuttgart zur AMB '82

Wie denkt ein Designer über Design?, in: Dental Magazin, März 1985

Design-Aufgaben bei Werkzeugen und Werkzeugmaschinen, in: Humane Produktion, Humane Arbeitsplätze, August 1985

Gute Wege zu besserem Produktdesign, in: Mittlerer Neckar, Industrie- und Handelskammer Stuttgart, Nr. 5, 1986

Wertewandel und gestalterische Antworten, in: Esslinger Zeitung, 17./18./19. Mai 1986

Rationelle Produktentwicklung, in: arbeitgeber, 1987

Qualitätsfaktor Design, in: WNO Wirtschaft zwischen Nord- und Ostsee, Wirtschaftsmagazin der Industrie- und Handelskammern zu Kiel und Flensburg, Januar 1987

Design bei Elektrowerkzeugen: Die Ergonomie hat hohen Stellenwert, in: Eisenwarenbörse, 1987

Ästhetisch, griffig, funktional – Die Bedeutung des Designs bei Elektrowerkzeugen am Beispiel Bosch, in: dds – der deutsche schreiner und tischler, Nr. 3, 1987

Erlebniskomponenten im Investitionsgüter-Design, in: Markforschung und Management, Nr. 1, 1988

Interieurdesigner – Ein neuer akademischer Beruf, in: Chancen im Ingenieurberuf, VDI Nachrichten, Juni 1988

Anmerkungen

1. Brockhaus Enzyklopädie, Wiesbaden 1968, S. 441, Begriff „Design".
2. http://de.wikipedia.org/wiki/Design, zuletzt abgerufen am 14.11.2011
3. Slany in: Sonderdruck Form 33, März 1966
4. Sonderdruck aus der Zeitschrift Werkstatt und Betrieb, 110. Jahrgang 1977, Heft 3, Seite A80 und A 82
5. Frei zitiert nach Ernst Auer, Design Center Stuttgart.
6. Brockhaus Enzyklopädie, Wiesbaden 1968, S. 609, Begriff „Zeitgeist".
7. Das große Fischer Lexikon in Farbe, Bd. 10, Frankfurt am Main 1976, S. 3243.
8. http://www.museumderdinge.de/werkbund_archiv/protagonisten/wilhelm_wagenfeld.php; Charlotte und Peter Fiell: Design des 20. Jahrhunderts, Köln 2011
9. Interview Walter Scheiffele mit Mia Seeger. In: Walter Scheiffele: Wilhelm Wagenfeld und die moderne Glasindustrie. Stuttgart 1994
10. Bei Heinrich Löffelhardt erhielt ich meine künstlerische Ausbildung, siehe Kapitel 6.1.
11. Kathrin Spohr: Fliegender Wechsel, in: Form 154/155, 2/1996, S. 122f.
12. Schmitt, Peter, „Löffelhardt, Heinrich", in: Neue Deutsche Biographie 15 (1987), S. 28 f. [Onlinefassung]; URL: http://www.deutsche-biographie.de/pnd124698026.html
13. siehe dazu auch form 118, 1987, S. 82; Stuttgarter Wochenblatt 29.01.1987 „Erfolg des design centers in Moskau"; Frankfurter Allgemeine Zeitung 05.12. 1986 „Design in Moskau?"
14. Die dargestellten Inhalte wurden bereits in den folgenden Schriften veröffentlicht: Sonderdruck aus der Zeitschrift Werkstatt und Betrieb, 110. Jahrgang 1977, Heft 3, Seite A80 und A 82; Porträts deutscher Werbeagenturen, Technischer Güter, Märkte & Medien Kontaktbuch 1989, Sonderdruck Slany Design GmbH
15. Duden, Band 5: Fremdwörterbuch
16. Vorzüge der Nr. 88 geschildert von H.Sander und Slany für Weltausstellung in Brüssel 1958
17. Pressemeldung der Leifheit AG zum Tod von Günter Leifheit, 03.07.2009, http://www.leifheit.de/de/presse/unternehmen/single-pressemeldungen.html?no_cache=1&tx_ttnews[tt_news]=167&tx_ttnews[backPid]=144&cHash=0f37b69b5b, Artikel „Gedenken an Günter Leifheit zum 90. Geburtstag, Wir im Nassauer Land", 14.12.2010, http://www.wir-im-nassauer-land.de/?p=9739
18. Tätigkeitsbericht der Firma Haug über das 1. Quartal 1963, 22.04.1963
19. siehe dazu auch Ekkehard Gerstenberg: Stilbildung oder Plagiat? Urheberrecht (2), in: form 34, 1966, S.18–24.
20. Werbeanzeigen in Form Nr. 84, 1978, S. 89 und Nr. 119, 1987, S. 80.
21. siehe hierzu auch Robert Bosch GmbH: 50 Years of Fernseh 1929-1979, Stuttgart 1979.
22. Das folgende stammt aus einem Vortrag zur Wanderausstellung „Qualitätsfaktor Design, z.B. Bosch", dessen Manuskript in: Rat für Formgebung: Design-Materialien. Design und Investitionsgüter I, erschienen ist.
23. veröffentlicht in form, Heft 126, 1989.

Abbildungsnachweis

Privatarchiv Slany: S. 34, 37, 40, 46, 65, 70, 71, 82, 83, 86, 90 unten, 91, 93 oben, 96, 97 unten, 104, 108 oben rechts, 118 unten, 119, 120 unten, 121, 123 oben, 124 oben, 127, 129 oben, 131 oben, 136, 141, 143, 149, 150 unten, 151, 158, 160 oben, 161

TTS-Photography Rainer Schmid, Esslingen: S. 67, 74, 81, 84 oben, 85 oben, 90 oben, 93 unten, 94, 99 unten, 106 oben, 125 unten, 128, 137 Mitte links, 138

Fotograf Heinzmann, Esslingen: S. 80, 92, 95, 97 oben, 98, 99 oben, 100, 112, 113 oben, 116, 120 oben, 158 unten, 160 unten

Foto Schäfer: S. 115, 133 unten, 134 oben, 137 Mitte rechts und unten, 139

Fotograf Alfred Schrick, Remscheid: S. 69

Fotograf Erhard Liss, Esslingen: S. 78

Fotograf Faigle, Stuttgart: S. 85 rechts unten, 87

Aeckerle-Foto, Esslingen: S. 101

Wolfgang Siol, Ulm: S. 110 unten

Fotohaus Kienzle, Waiblingen: S. 155 unten

Bolsinger Foto: S. 137 oben

BSS Werbeagentur, Bietigheim: S. 123 unten

Landesgewerbeamt: S. 109 unten, 126 oben, 135, 156 unten links

Werkfoto Junkers: S. 68

Werkfoto Leifheit: S. 75, 76, 77

Werkfoto Progress: S. 79, 84 unten

Werkfoto Scharpf: S. 85 links unten

Werkfoto Siegwerk: S. 89

Werkfoto Bosch: S. 102, 105, 106 unten, 107, 108 oben links und unten, 109 oben, 146, 150 oben, 154, 155 oben, 156 oben und unten rechts, 157

Werkfoto Breitenstein: S. 110 oben

Werkfoto Witte: S. 111

Werkfoto Weishaupt: S. 113 unten, 114

Werkfoto Gerresheimer Glashüttenwerke: S. 118 oben

Werkfoto Silit: S. 122, 124 unten, 125 oben

Werkfoto Nova: S. 126 unten

Werkfoto Bölkow: S. 129 unten, 130

Werkfoto Kärcher: S. 131 unten, 132, 133 oben

Werkfoto Pilz: S. 134 unten

Werkfoto Wilde & Spieth: S. 140, 142 oben

Werkfoto Anders + Kern: S. 142 unten

Werkfoto Traub: S. 143

Werkfoto Atlas-Werke: S. 158 oben

Werkfoto Wagner: S. 162